영어를 결정하는

초등

영단어

초등 영어를 결정하는 영단어

저자 김경하

초판 1쇄 발행 2020년 3월 19일　**초판 3쇄 발행** 2024년 1월 12일

발행인 박효상　**편집장** 김현　**기획·편집** 장경희, 김효정, 권순범　**디자인** 임정현

표지, 내지 디자인 유수정　**조판** 조영라　**삽화** 하랑 전수정

마케팅 이태호, 이전희　**관리** 김태옥　**종이** 월드페이퍼　**인쇄·제본** 예림인쇄·바인딩

녹음 YR미디어

출판등록 제10-1835호　**발행처** 사람in

주소 04034 서울시 마포구 양화로 11길 14-10 (서교동) 3F

전화 02) 338-3555(代)　**팩스** 02) 338-3545　**E-mail** saramin@netsgo.com

Website www.saramin.com

책값은 뒤표지에 있습니다. 파본은 바꾸어 드립니다.

ISBN

978-89-6049-832-7　64740

978-89-6049-808-2 (set)

우아한 지적만보, 기민한 실사구시 **사람in**

어린이제품안전특별법에 의한 제품표시		
제조자명 사람in	**전화번호** 02-338-3555	
제조국명 대한민국	**주　　소** 서울시 마포구 양화로	
사용연령 5세 이상 어린이 제품	11길 14-10 3층	

영어를 결정하는 초등 영단어

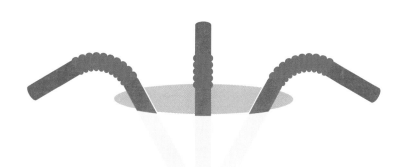

사람in
saram
in.com

이렇게
구성했어요

1 교육부 선정 초등 필수 800 단어와 초등 4종 교과서 16권 단어 총정리

2015 개정 교육과정(3, 4학년 2018년 시행, 5, 6학년 2019년 시행)에 따른 교육부 선정 초등 필수 800단어와 동아, 대교, 천재(함), YBM(김) 등 대표적인 초등 4종 교과서 3, 4, 5, 6학년 16권의 단어를 정리하였습니다.

800단어 중에서 그림으로 뜻을 전달하기에 효과적이지 않은 at, off 등의 전치사나 any, forever 같은 부사는 빼고, 대신 4종 교과서에 나오는 단어들을 정리하여 빠짐없이 실었습니다.

현행 초등교과는 듣기와 말하기 등 의사소통에 중점을 두고 있기 때문에 읽기나 쓰기 부분에서는 따로 준비가 필요합니다. 예를 들어 요일을 뜻하는 Monday(월요일) 등의 단어나 계절 단어인 spring(봄), 직업을 나타내는 scientist(과학자)나 designer(디자이너) 등의 기본 단어 등은 교과서에는 나오지만, 필수 단어에는 빠져 있습니다. 하지만 실제 중학 과정을 대비하기 위해서는 반드시 읽고 쓸 줄 알아야 하므로 이러한 교과서 기출 단어들은 모두 정리하여 포함했습니다.

단, 단어 수가 많아져 아이들이 심리적으로 부담을 느끼지 않도록 본 단어 구성은 두 단계로 나누었습니다. 매 유닛에는 12개의 단어가 소개됩니다. 이 중에는 읽고 듣고 쓰고 말할 줄 알아야 하는 단어도 있고, 현 단계에서 완벽하게 외우지 않아도 읽고 이해하고 골라 쓸 줄 알면 되는 단어들이 있습니다. 이러한 단어들은 따로 구분하여 액티비티를 하게 될 것입니다. 단어의 난이도 또는 사용에도 따라 주로 앞 6단어는 적극적인 암기 위주로, 뒤 6단어는 단어 인식을 위주로 구성하였습니다.

또 본문 학습이 끝나면 보너스 페이지를 줍니다. 여기에는 필수 단어 중 아이들이 미리 알고 있을 만한 쉬운 단어들을 정리하거나 초등 고학년 단계에서 필요한 다소 높은 수준의 단어들을 흥미로운 주제로 묶어 소개하였습니다. 아이마다 단어 수준이 천차만별이기 때문에 다양한 방법으로 이를 이용할 수 있습니다. 기초 단계의 학생이라면, 책을 처음 볼 때는 본문 단어들을 먼저 외우고 두 번째 보면서 보너스 페이지 단어를 외우도록 하면 전략적으로 될 수 있습니다.

2 그림으로 재미있게 뜻을 알고, 순차적인 단어 액티비티를 하면서 저절로 단어 암기

단어의 뜻은 문장 속에서 파악하는 것이 원칙입니다. 하지만 실생활에서 영어를 쓰지 않는 EFL(영어를 외국어로 배우는) 환경에서 영어의 기초를 닦고 있는 우리 아이들은 조심스러운 접근이 필요합니다. 학습 환경이 아닌 일상생활에서 영어를 접하기 힘들기 때문에 잘 짜인 단계적인 학습이 절실합니다. 앞뒤 없이 어른들의 학습법을 적용하거나 단순 암기만을 강요한다면 영어에 흥미를 잃고 되고, 흥미가 떨어진 어학 학습은 곧 실패로 이어지기 때문입니다. 특히 시작이 중요합니다. 그 때문에 파닉스와 사이트 워드를 잇는 첫 번째 단어 책은 그림을 통해 단어를 만나도록 하였습니다. 아직은 문장 속에서 단어 문제를 푼다는 것은 또 다른 새 단어들과 만남이기 때문에 일단은 그림을 통해 뜻을 알고, 충실히 단어 뜻을 외우는데 목표를 두었습니다.

예를 들어 처음으로 'homework(숙제)'라는 단어를 열심히 외운 아이에게 I finish my _____(나는 숙제를 마쳤어) 등의 문장을 주고 제자리를 찾아 빈칸을 채워보라고 하면 어떨까요? finish의 뜻을 모른다면요? 다른 보기 문장에도 모르는 단어가 있다면요? 아이는 열심히 외운 단어에서 보람을 느끼지 못하고 좌절을 하고 말 것입니다. 실제로 한 유명 시중 교재에는 세 줄짜리 영어 문장에 빈칸을 두고 알맞은 단어를 넣도록 하는 문제가 있습니다. 답은 toy(장난감). toy를 배우는 수준의 학생이 세 줄짜리 영어문장을 읽고 해석할 수 있을까요? 어른들의 학습법을 그대로 적용한 참사입니다. 아이는 "열심히 외웠는데 나는 왜 영어를 못 하지?" 하는 느낌이 들게 될 것입니다. 문장 속의 단어들을 일상생활에서 접할 수 없는 환경이기에, 앞서 배운 단어들로 된 문장을 단계적으로 소개하는 것이 절실합니다.

또한 시중 대부분의 단어 책들은 스스로 단어를 암기한 후 테스트 형식으로 문제를 풀거나 단어를 써 보도록 구성이 되어있습니다. 그 때문에 아이에게 단어를 외우도록 하는 것은 고스란히 엄마나 선생님의 몫이 될 수밖에 없습니다. 여기에서는 단계적으로 액티비티를 따라 하면서 자연스럽게 단어를 익힐 수 있도록 하였습니다. 기억이 나면 나는 대로, 모르면 다시 찾아보면서 한 단계 한 단계 액티비티를 하다 보면 "단어 암기는 지루한 것"이라는 느낌 없이 많은 단어를 암기하게 될 것입니다. 물론 억지로 암기를 시키는 학부모님들의 수고도 줄어들 것입니다. 아이들은 빵빵하게 기본 단어들을 챙기고, 다음에 이어지는 표현 책에서 그 단어들이 문장 속에서 어떻게 쓰이는지 알게 되고, 실제 사용할 수 있는 연습을 하게 될 것입니다.

3 단순히 단어의 뜻만 암기하는 것을 넘어 다양한 단어 이야기를 접하도록

매 유닛에는 "단어 이야기" 코너를 두었습니다. 본문 단어와 연관된 재미있는 이야기나 문법, 어법 지식을 이야기로 풀어놓아 자연스럽게 단어 이해의 폭을 넓히도록 하였습니다. 예를 들어 교과서에는 다양한 나라 이름들이 나옵니다. 사람 이름도 많이 나오지요. 하지만 왜 Korea의 K는 대문자인지 Tom의 T는 대문자인지 교과서는 설명이 없습니다. 앞서 언급했듯 초등 영어 교과는 의사소통 위주이기 때문에 문법이나 쓰기에는 방점을 두지 않기 때문이죠. 하지만 아이들은 궁금해합니다. 달달 외우는 어법이 아니라 호기심이 생겨 질문할 때 대답을 들려주는 것으로 생각하시면 될 겁니다. 이렇게

해서 조금씩 쌓은 지식은 나중에 표현 책에서 문법으로 다시 만나고, 문장을 구성해 내는 데 힘을 얻게 될 것입니다.

학습적인 내용뿐 아니라 아이들이 흥미를 느낄 수 있는 내용도 다루어 영어를 재미있게 접하고 흥미를 유지할 수 있도록 하는 데도 큰 의미를 두었습니다.

4 단순 암기에서 벗어나 영어단어에 대한 이해를 통해 제대로 단어 익히기

이 책의 마지막 단원은 아주 특별합니다. 시중의 초등영어 교재들이 모두 '사과는 apple' 식의 암기 방식만을 제시하고 있지만, 사실 우리 아이들이 만나게 될 실제 영어 세상은 A=B라는 방식으로 충분하지 않습니다. 그래서 단어를 다양한 카테고리로 나누어 만나도록 했습니다. 반대말과 함께 외우면 뜻도 명확해지고 한 번에 두 단어를 외우는 효과가 있습니다. 나중에 헷갈리는 확률도 줄어들지요. 우리말로는 같은 뜻인데 왜 여러 개의 단어가 있는지도 아이들은 궁금해하죠. talk, say, speak 모두 우리말은 '말하다'로 나오기 때문에 단어를 열심히 외우는 아이들은 대번에 질문합니다. "뭐가 달라요?" fan은 아이돌 등의 팬이라는 뜻도 있지만, 선풍기라는 뜻도 있습니다. 이렇게 같은 단어가 다른 뜻을 가지는 것도 아이들은 재미있어합니다. 단어를 외울 때 이렇게 다양한 단어의 성질을 이용해 암기하게 되면 아이들의 머릿속에는 체계적인 "단어의 방"이 생깁니다. 처음부터 선반을 잘 짜서 물건을 보관하면 필요할 때 금방 꺼내 쓸 수 있습니다. 무더기로 쌓아 놓으면 쉽게 꺼내 쓸 수가 없죠. 마지막 단원은 이렇게 단어 학습의 기술을 연습하는 기회가 될 것입니다.

이렇게
학습하세요

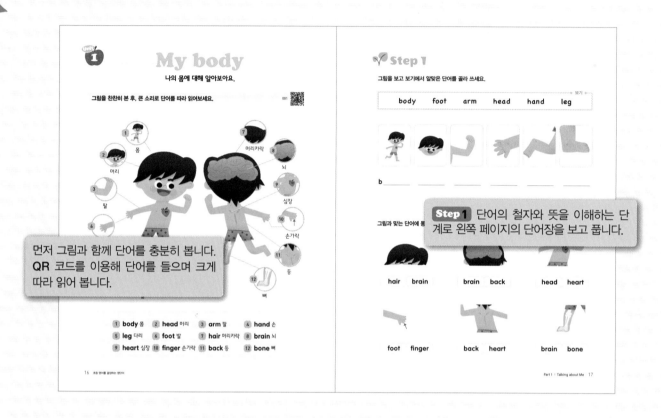

먼저 그림과 함께 단어를 충분히 봅니다. QR 코드를 이용해 단어를 들으며 크게 따라 읽어 봅니다.

Step 1 단어의 철자와 뜻을 이해하는 단계로 왼쪽 페이지의 단어장을 보고 풉니다.

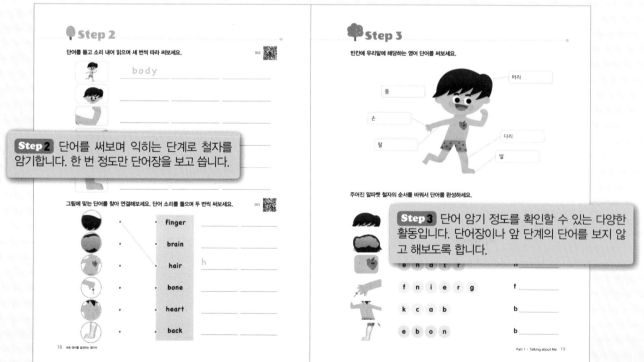

Step 2 단어를 써보며 익히는 단계로 철자를 암기합니다. 한 번 정도만 단어장을 보고 씁니다.

Step 3 단어 암기 정도를 확인할 수 있는 다양한 활동입니다. 단어장이나 앞 단계의 단어를 보지 않고 해보도록 합니다.

그림을 보고 단어를 써보는 단계입니다.
6개의 단어는 힌트 없이, 6개의 단어는
철자 힌트를 가지고 써보도록 합니다.

영어 단어에 대한 다양한 이야기입니다.
외우는 데 급급하기 보다는 흥미를 느끼
고 읽어볼 수 있도록 해주세요.

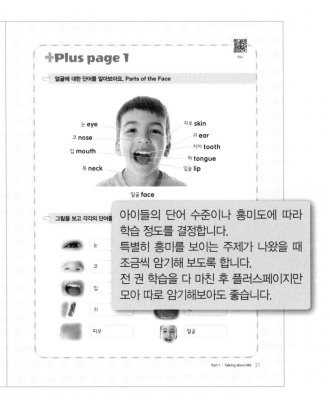

아이들의 단어 수준이나 흥미도에 따라
학습 정도를 결정합니다.
특별히 흥미를 보이는 주제가 나왔을 때
조금씩 암기해 보도록 합니다.
전 권 학습을 다 마친 후 플러스페이지만
모아 따로 암기해보아도 좋습니다.

그림 사전과 같은 역할을 합니다.
무조건 철자 암기가 아닌 상황 속에서
단어를 보고 흥미를 느끼도록 합니다.
필수 단어 또는 교과서 기출 단어이므로
6학년 학생들은 모두 학습해야 합니다.

차례

Part 1

나에 대해 이야기하기
Talking about Me

My body

나의 몸에 대해 알아보아요.

그림을 찬찬히 본 후, 큰 소리로 단어를 따라 읽어보세요.

001

1 몸

2 머리

3 팔

4 손

5 다리

6 발

7 머리카락

8 뇌

9 심장

10 손가락

11 등

12 뼈

1 **body** 몸　　2 **head** 머리　　3 **arm** 팔　　4 **hand** 손

5 **leg** 다리　　6 **foot** 발　　7 **hair** 머리카락　　8 **brain** 뇌

9 **heart** 심장　　10 **finger** 손가락　　11 **back** 등　　12 **bone** 뼈

그림을 보고 보기에서 알맞은 단어를 골라 쓰세요.

보기

| body | foot | arm | head | hand | leg |

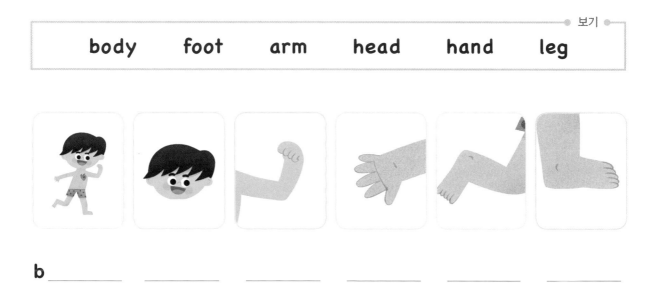

b_____ _____ _____ _____ _____ _____

그림과 맞는 단어에 동그라미 하세요.

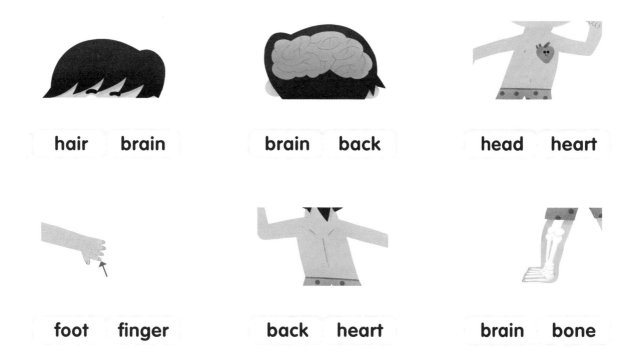

hair brain   brain back   head heart

foot finger   back heart   brain bone

단어를 듣고 소리 내어 읽으며 세 번씩 따라 써보세요. 002

body

_____ _____ _____

_____ _____ _____

_____ _____ _____

_____ _____ _____

_____ _____ _____

_____ _____ _____

그림에 맞는 단어를 찾아 연결해보세요. 단어 소리를 들으며 두 번씩 써보세요. 003

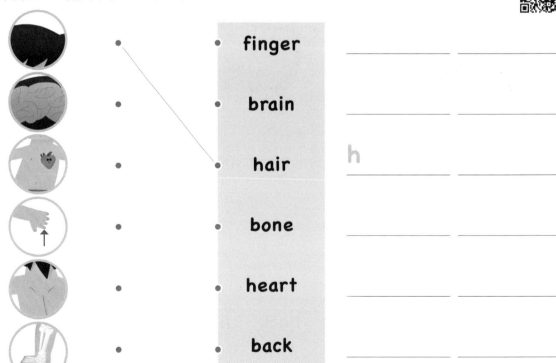

finger   _____ _____

brain   _____ _____

hair   h _____ _____

bone   _____ _____

heart   _____ _____

back   _____ _____

Step 3

빈칸에 우리말에 해당하는 영어 단어를 써보세요.

머리

몸

손

팔

다리

발

주어진 알파벳 철자의 순서를 바꿔서 단어를 완성하세요.

a h r i   h_____

b a r i n   b_____

e h a t r   h_____

f n i e r g   f_____

k c a b   b_____

e b o n   b_____

연습문제

그림에 맞는 단어를 적어보세요.

_____ _____ _____ _____ _____ _____

h_____ b_____ h_____ f_____ b_____ b_____

단어 이야기

우리 몸을 설명하는 다른 단어들도 알아볼까요?

우선 남자와 여자는 **man**(남자), **woman**(여자)이라고 해요.
man은 그냥 '사람'을 뜻하기도 하지요.
그럼, 오늘 배운 단어로 영어 수수께끼 하나 풀어볼까요?

What has a face and two hands but no arms or legs?
얼굴 하나와 손 두 개를 가지고 있지만 팔이나 다리가 없는 것은 무엇일까요?

답은 시계(**a clock**)예요. 시계의 둥근 판을 **face**라고 하고,
시침, 분침을 **hand**라고 하거든요.

+Plus page 1

004

얼굴에 대한 단어를 알아보아요. Parts of the Face

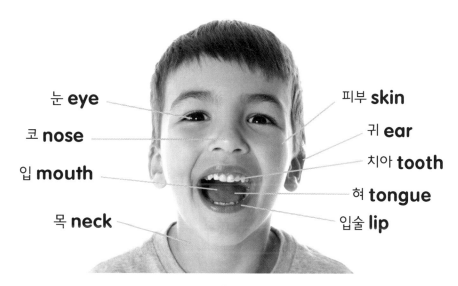

눈 eye
코 nose
입 mouth
목 neck

피부 skin
귀 ear
치아 tooth
혀 tongue
입술 lip

얼굴 face

그림을 보고 각각의 단어를 영어로 써보세요.

눈	치아
코	입술
입	목
귀	혀
피부	얼굴

My Clothes

나의 옷에 대해 알아보아요.

그림을 찬찬히 본 후, 큰 소리로 단어를 따라 읽어보세요.

005

| 1 | jeans (청)바지 | 2 | pants 바지 | 3 | skirt 치마 | 4 | socks 양말 |

5 clothes 옷

6 wear 입고 있다

7 hat 모자

8 cap 야구모자

9 pocket 주머니

10 button 단추

11 watch 손목시계

12 cotton 면

 **Step 1**

그림을 보고 보기에서 알맞은 단어를 골라 쓰세요.

● 보기 ●

jeans	pants	skirt	socks	clothes	wear

j_____   _____   _____   _____   _____   _____

그림과 맞는 단어에 동그라미 하세요.

hat   cap

clothes   cap

pocket   jeans

cotton   button

wear   watch

cotton   watch

 **Step 2**

단어를 듣고 소리 내어 읽으며 세 번씩 따라 써보세요.

006

jeans

그림에 맞는 단어를 찾아 연결해보세요. 단어 소리를 들으며 두 번씩 써보세요.

007

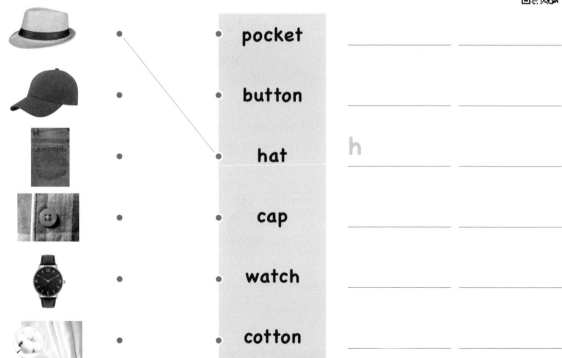

pocket

button

hat

h

cap

watch

cotton

Step 3

빈칸에 알맞은 단어를 써보세요.

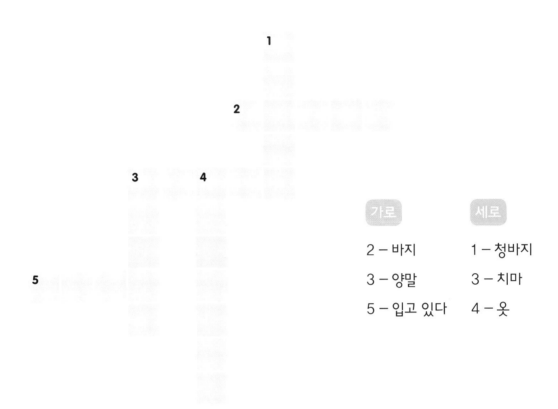

가로	세로
2 – 바지	1 – 청바지
3 – 양말	3 – 치마
5 – 입고 있다	4 – 옷

그림에 맞은 낱말을 퍼즐에서 찾아 동그라미 한 후 단어를 써보세요.

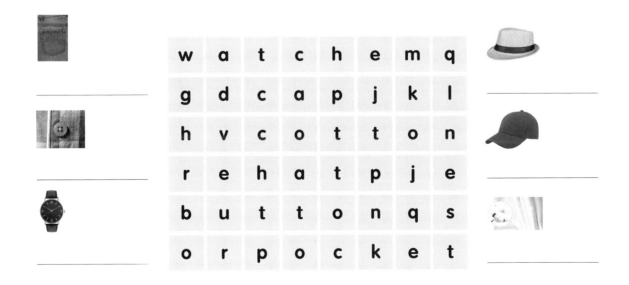

연습문제

그림에 맞는 단어를 적어보세요.

h_____ c_____ p_____ b_____ w_____ c_____

단어 이야기

옷에 관한 명칭에는 특이한 점이 있습니다. 'jeans, pants, socks'처럼 끝에 s가 붙은 단어가 많다는 것인데요. 물건을 나타내는 영어 단어 끝에 s가 붙을 때는 두 개 이상이 있다는 뜻(복수)이에요. 사과가 하나면 **apple**, 두 개면 **apples**가 되는 것이죠. 그렇다면 바지는 하나인데 왜 **pants**라고 s가 붙을까요? 다리를 한 쪽씩 세어 두 쪽의 의미로 받아들이기 때문이라네요. 안경이라는 뜻의 **glasses**도 안경알이 두 개이므로 항상 복수로 표시합니다. **sock**(양말)은 한 짝만 있을 때는 **sock**으로 쓰면 됩니다. 가끔 그럴 때가 있으니까요. 하지만 대부분의 경우 양말은 두 짝으로 다니기 때문에 일반적으로 **socks**라고 이야기합니다.

008

+Plus page 2

옷과 장신구에 대한 단어를 알아보아요. Clothes and Accessories

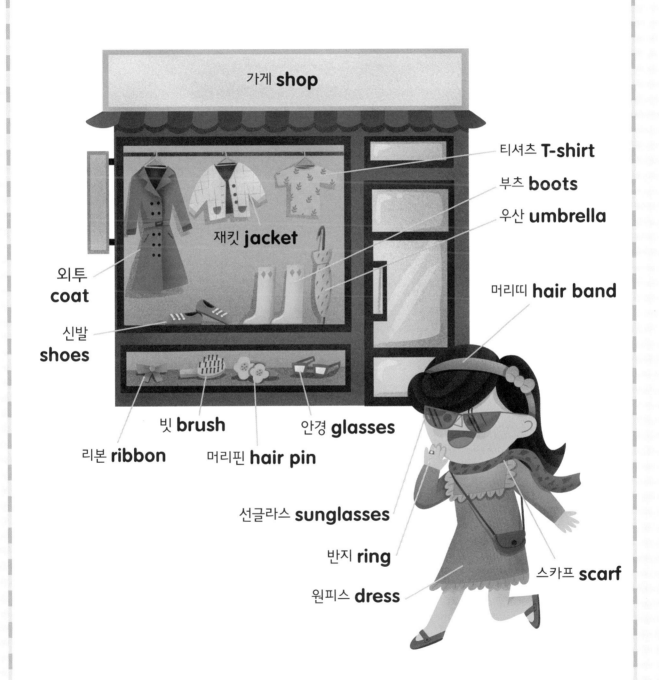

가게 **shop**

티셔츠 **T-shirt**

부츠 **boots**

우산 **umbrella**

재킷 **jacket**

외투 **coat**

신발 **shoes**

머리띠 **hair band**

빗 **brush**

안경 **glasses**

리본 **ribbon**

머리핀 **hair pin**

선글라스 **sunglasses**

반지 **ring**

스카프 **scarf**

원피스 **dress**

My Room

나의 방에 대해 알아보아요.

그림을 찬찬히 본 후, 큰 소리로 단어를 따라 읽어보세요.

009

1 거울 2 메모판 3 책 4 시계 5 숙제 6 책상 7 의자 8 사진 9 책가방 10 탁자 11 침대 12 일기

1 **mirror** 거울   2 **board** 메모판   3 **book** 책

4 **clock** 시계   5 **homework** 숙제   6 **desk** 책상

7 **chair** 의자   8 **picture** 사진   9 **bag (=backpack)** 책가방

10 **table** 탁자   11 **bed** 침대   12 **diary** 일기

 **Step 1**

그림과 맞는 단어에 동그라미 하세요.

bed   book

desk   book

desk   bag

table   chair

clock   chair

bed   bag

picture   diary

table   mirror

book   board

homework   picture

desk   diary

mirror   board

단어를 듣고 소리 내어 읽으며 세 번씩 따라 써보세요.   010

bed _____   _____   _____

_____   _____   _____

_____   _____   _____

_____   _____   _____

_____   _____   _____

_____   _____   _____

그림에 맞는 단어를 찾아 연결해보세요. 단어 소리를 들으며 두 번씩 써보세요.   011

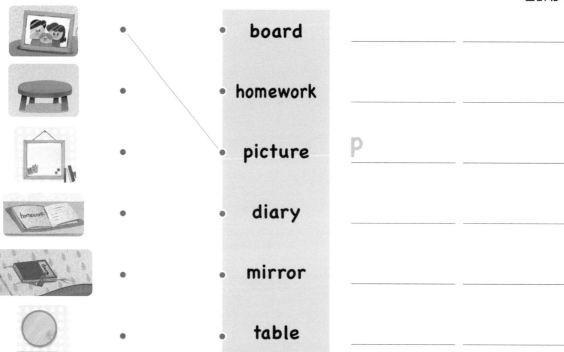

- board   _____   _____

- homework   _____   _____

- picture   p _____   _____

- diary   _____   _____

- mirror   _____   _____

- table   _____   _____

Step 3

보기 중에 알맞은 단어를 골라 그림에 맞게 영어로 써보세요.

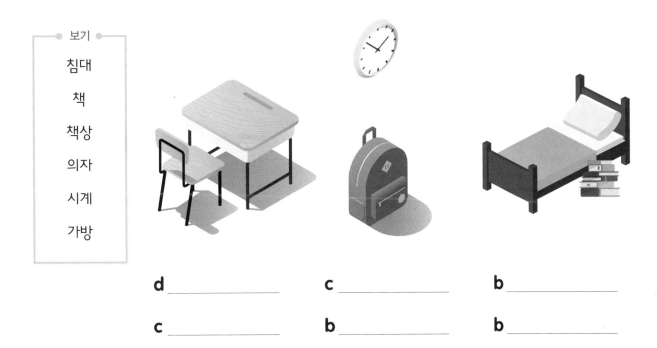

보기

침대

책

책상

의자

시계

가방

d _____   c _____   b _____

c _____   b _____   b _____

우리말 뜻에 맞는 낱말을 찾아 써보세요.

ehomeworkxpicturemmirrorsaboardztablesdiary

사진   숙제

_____   _____

탁자   일기

_____   _____

메모판   거울

_____   _____

그림에 맞는 단어를 적어보세요.

p＿＿＿＿ t＿＿＿＿ b＿＿＿＿ h＿＿＿＿ d＿＿＿＿ m＿＿＿＿

단어 이야기

영어 단어들은 저마다 성격을 가지고 있어요. 그래서 같은 성격의 단어들을 모을 줄 알게 되면 그 특징을 쉽게 파악해서 영어를 잘할 수 있게 되지요. 첫 번째 단어 가족은 '명사'예요. 명사는 말 그대로 '이름'이라고 생각해도 좋아요. 미국 초등학교에서는 **people**(사람), **places**(장소), **things**(사물)이라고 가르칩니다. 간단하죠? 퀴즈를 내 볼까요?

다음 중 명사가 아닌 것은?

1) Tom   2) desk   3) wear   4) room

답은요? 맞아요. 다른 단어들은 모두 사람**(Tom)**, 사물**(desk)**, 장소**(room)**에 해당하기 때문에 답은 **3) wear**(입고 있다)랍니다. 쉽죠?

+Plus page 3

다양한 장난감을 영어로 알아보아요. Toys

toy car 장난감 자동차

robot 로봇

doll 인형

video game 비디오 게임

drone 드론

comic book 만화책

puzzle 퍼즐

box 상자

My Family

나의 가족에 대해 알아보아요.

그림을 찬찬히 본 후, 큰 소리로 단어를 따라 읽어보세요.

013

1. **family** 가족
2. **grandfather** 할아버지
3. **grandmother** 할머니
4. **mother** 엄마
5. **father** 아빠
6. **wife** 부인
7. **husband** 남편
8. **parents** 부모
9. **brother** 오빠, 형, 남동생
10. **sister** 여동생, 언니, 누나
11. **son** 아들
12. **daughter** 딸

Step 1

그림을 보고 보기에서 알맞은 단어를 골라 쓰세요.

family   brother   grandmother   mother
grandfather   father   sister

_____   _____   _____

_____   _____   _____   _____

그림과 한글 뜻을 보고 맞는 단어에 동그라미 하세요.

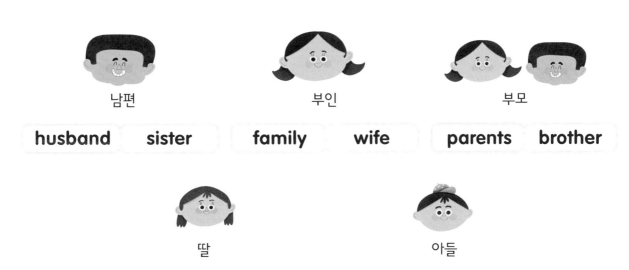

남편   부인   부모

husband   sister   family   wife   parents   brother

딸   아들

daughter   son   sister   son

Step 2

단어를 듣고 소리 내어 읽으며 세 번씩 따라 써보세요.   014

family

_____   _____   _____

_____   _____   _____

_____   _____   _____

_____   _____   _____

_____   _____   _____

_____   _____   _____

_____   _____   _____

그림에 맞는 단어를 찾아 연결해보세요. 단어 소리를 들으며 두 번씩 써보세요.   015

son   _____   _____

parents   _____   _____

husband   h _____   _____

daughter   _____   _____

wife   _____   _____

Step 3

빈칸에 알맞은 단어를 써보세요.

1

2

3

4

5

6

가로	세로
1 – 할머니	1 – 할아버지
2 – 가족	3 – 엄마
5 – 오빠, 형, 남동생	4 – 언니, 누나, 여동생
6 – 아빠	

주어진 알파벳 철자의 순서를 바꿔서 단어를 완성하세요

u h b a s n d   h_____

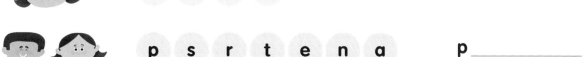

i w e f   w_____

p s r t e n a   p_____

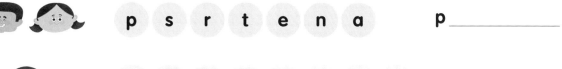

d a g h r t e u   d_____

n s o   s_____

연습문제

그림에 맞는 단어를 적어보세요.

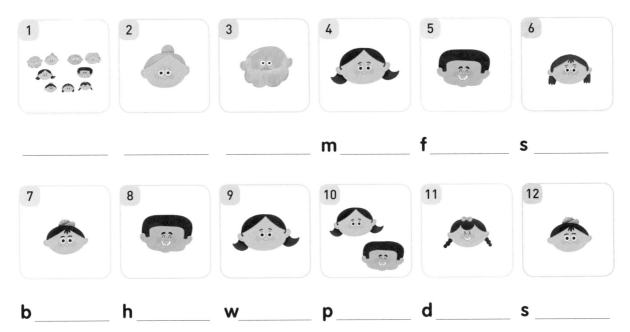

1 _____ 2 _____ 3 _____ 4 m_____ 5 f_____ 6 s_____

7 b_____ 8 h_____ 9 w_____ 10 p_____ 11 d_____ 12 s_____

단어 이야기

가족관계를 표현할 수 있는 단어들에 대해 알아봤어요. 우리 가족 말고 친척들을 말하는 영어 단어도 알아 볼까요? 우리말 표현보다는 훨씬 간단해요. 우선 엄마 아빠의 남자 형제는 모두 **uncle**[엉클]이라고 하면 돼요. 이모부, 고모부, 삼촌, 외삼촌, 큰아버지, 작은아버지 모두 **uncle**인 셈이죠. 엄마 아빠의 여자 형제 는 모두 **aunt**[앤트]예요. 이모, 고모가 해당되지요. **uncle**의 부인들도 모두 **aunt**예요. 숙모, 외숙모 모 두 해당된답니다. 사촌은 **cousin**[커즌]이라고 해요.

✚Plus page 4

없어서는 안 될 숫자를 영어로 알아보아요. numbers

0	zero
1	one
2	two
3	three
4	four
5	five
6	six
7	seven
8	eight
9	nine
10	ten
11	eleven
12	twelve
13	thirteen
14	fourteen
15	fifteen

My House

우리 집에 대해 알아보아요.

그림을 찬찬히 본 후, 큰 소리로 단어를 따라 읽어보세요.

1 집

2 욕실

5 침실

3 목욕

4 양치하다

6 잠 자다

7 거실

10 부엌

씻다
11

8 신문

소파
9

12 요리하다

---

1 **house** 집

2 **bathroom** 욕실

3 **bath** 목욕

4 **brush** 양치하다

5 **bedroom** 침실

6 **sleep** 잠 자다

7 **living room** 거실

8 **newspaper** 신문

9 **sofa** 소파

10 **kitchen** 부엌

11 **wash** 씻다

12 **cook** 요리하다

 Step 1

그림을 보고 보기에서 알맞은 단어를 골라 쓰세요.

보기

house	bathroom	kitchen	bedroom	living room

h _____   _____   _____   _____

다음 단어를 읽고 빈칸에 알맞은 우리말 뜻을 쓰세요.

sleep　　　　　**wash**　　　　　**cook**

bath　　　**brush**　　　**newspaper**　　　**sofa**

단어를 듣고 소리 내어 읽으며 세 번씩 따라 써보세요.   018

house

_____   _____   _____

_____   _____   _____

_____   _____   _____

_____   _____   _____

_____   _____   _____

그림에 맞는 단어를 찾아 연결해보세요. 단어 소리를 들으며 두 번씩 써보세요.   019

wash

cook

sleep   s

brush

bath

sofa

newspaper

Step 3

보기 중에 알맞은 단어를 골라 그림에 맞게 영어로 써보세요.

보기

집

침실

화장실

부엌

거실

1 _____ 2 _____

3 _____ 4 _____ 5 _____

주어진 알파벳 철자를 이용하여 단어를 완성하세요.

s e p l e

w h a s

o c k o

b h t a

h b u r s

n e s w p p a e r

a s o f

연습문제

그림에 맞는 단어를 적어보세요.

_____ _____ _____ _____ s_____ _____

w_____ c_____ b_____ b_____ n_____ s_____

단어 이야기

집의 여기저기를 말하는 영어 단어를 배웠어요. 하지만 〈해리포터〉나 〈매직 트리하우스〉같은 재미있는 소설 책을 읽다 보면 자주 등장하는 집안의 장소 가 꼭 있어요. 먼저, 나무 위에 지은 아이들만의 공간 **tree house**[트리하 우스]가 있고요, 어두컴컴한 지하실 **basement**[베이스먼트]에서도 사건이 발생하죠. 항상 비밀스러운 물건은 다락방 **attic**[애틱]에 숨겨져 있고요, 무 엇보다도 가장 무시무시한 곳은 지하실의 문을 열고 통하는 판타지 세상, 지 하 감옥 **dungeon**[던젼]이겠죠?

+Plus page 5

집안에 있는 물건들을 영어로 알아보아요. Things in the House

부엌에 있는 물건	**stove** 가스 레인지	**sink** 개수대
거실에 있는 물건	**fan** 선풍기	**computer** 컴퓨터
	TV 텔레비전	**cell phone** 핸드폰
	camera 카메라	**telephone** 전화
	curtain 커튼	**piano** 피아노
	guitar 기타	**key** 열쇠
화장실에 있는 물건	**toilet** 변기	**towel** 수건

My School

우리 학교에 대해 알아보아요.

그림을 찬찬히 본 후, 큰 소리로 단어를 따라 읽어보세요.

021

1 **learn** 배우다

2 **teach** 가르치다

3 **read** 읽다

4 **write** 쓰다

5 **listen** 듣다

6 **math** 수학

대문자로 시작해요

7 **music** 음악

8 **science** 과학

9 **English** 영어

대문자로 시작해요

10 **Korean** 국어

11 **art** 미술

12 **history** 역사

 **Step 1**

그림을 보고 알맞은 단어를 골라 동그라미 한 후, 우리말 뜻을 쓰세요.

read　learn

_____

teach　write

_____

listen　read

_____

write　teach

_____

read　listen

_____

math　music

_____

history　music

_____

science　math

_____

English　Korean

_____

art　Korean

_____

read　art

_____

history　English

_____

단어를 듣고 소리 내어 읽으며 세 번씩 따라 써보세요.

 022

learn

그림에 맞는 단어를 찾아 연결해보세요. 단어 소리를 들으며 두 번씩 써보세요.

 023

- Korean
- English
- math
- music
- science
- art
- history

m

Step 3

빈칸에 알맞은 단어를 써보세요.

1

2

3

4

가로	세로
2 – 배우다	1 – 쓰다
3 – 가르치다	2 – 듣다
4 – 읽다	

주어진 알파벳 철자를 이용하여 단어를 완성하세요.

m t h a

c u m i s

s c e i c n e

E n h s l i g

r K o e n a

t r a

h t i o s y r

연습문제

그림에 맞는 단어를 적어보세요.

1 _____   2 _____   3 _____   4 _____   5 _____   6 m_____

7 m_____   8 s_____   9 E_____   10 K_____   11 a_____   12 h_____

단어 이야기

여러 가지 과목(**subject**) 이름을 배웠지요? 우리 친구가 좋아하는 과목도 나왔나요? 과목 이름을 두 개 더 알려 줄게요. 체육은 **P.E.**[피-이-], 사회는 **social studies**[쏘셜 스터디즈]라고 해요.

친구들이 좋아하는 방과 후 수업은 **class**[클래스]라고 하고요, 동아리는 **club**[클럽]이라고 하면 돼요. 예를 들어, 방과 후에 축구 수업을 듣는다면 **soccer class**에 간다고 하면 되고요, 축구 동아리라면 **soccer club**이라고 하면 된답니다. 영화 동아리는 **movie club**[무비 클럽]이라고 하면 되겠죠?

+Plus page 6

024

교실 안에는 어떤 물건이 있는지 알아보아요. Things in the Classroom

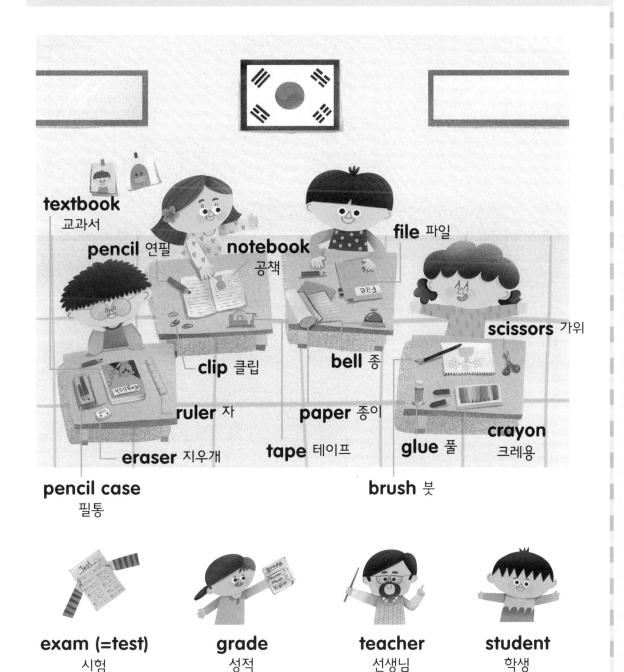

textbook 교과서

pencil 연필

notebook 공책

file 파일

scissors 가위

clip 클립

bell 종

ruler 자

paper 종이

crayon 크레용

eraser 지우개

tape 테이프

glue 풀

pencil case 필통

brush 붓

exam (=test) 시험

grade 성적

teacher 선생님

student 학생

My Town

우리 마을에 대해 알아보아요.

그림을 찬찬히 본 후, 큰 소리로 단어를 따라 읽어보세요.

025

1 **farm** 농장   2 **bridge** 다리   3 **church** 교회

4 **hospital** 병원   5 **factory** 공장   6 **college** 대학

7 **restaurant** 식당   8 **bank** 은행   9 **museum** 박물관

10 **library** 도서관   11 **street** 도로   12 **cinema** 영화관

Step 1

그림을 보고 알맞은 단어를 골라 동그라미 한 후, 우리말 뜻을 쓰세요.

bank   factory

_____

cinema   farm

_____

street   bank

_____

hospital   church

_____

bride   church

_____

restaurant   farm

_____

library   cinema

_____

bank   college

_____

hospital   factory

_____

museum   farm

_____

street   cinema

_____

bridge   museum

_____

 Step 2

단어를 듣고 소리 내어 읽으며 세 번씩 따라 써보세요.   026

bank

퍼즐 조각을 맞추어 단어를 완성한 후, 단어 소리를 들으며 두 번씩 써보세요.   027

lib	•	•	llege	대학		
co	•	•	nema	영화관		
fac	•	•	rary	도서관		
muse	•	•	tory	공장		
ci	•	•	dge	다리		
bri	•	•	um	박물관		

Step 3

빈칸에 알맞은 알파벳을 써넣은 후, 해당 번호의 알파벳으로 아래 단어를 완성하세요.

은행 _____ _____ _____ _____

농장 _____ _____ _____ _____

도로 _____ _____ _____ _____ _____
　　　 1 　　　　　　 **4,7**

병원 _____ _____ _____ _____ _____ _____ _____ _____
　　　　　　　　　　　　　　 3

교회 _____ _____ _____ _____ _____ _____
　　　 2,6

식당 _____ _____ _____ _____ _____ _____ _____ _____ _____ _____
　　　　　　　　　　　　　　　　　　　　　　 5

답 : _____ _____ _____ _____ _____ _____ _____
　　　 1 　 **2** 　 **3** 　 **4** 　 **5** 　 **6** 　 **7**

우리말 뜻에 맞는 영어 낱말을 퍼즐에서 찾아 동그라미 한 후 단어를 써보세요.

도서관

_____

대학

_____

공장

_____

a	l	i	b	r	a	r	y	e	t
j	h	q	a	c	i	n	e	m	a
f	e	b	f	a	c	t	o	r	y
b	r	i	d	g	e	b	r	w	x
m	u	s	e	u	m	h	i	n	q
c	o	t	c	o	l	l	e	g	e

박물관

_____

영화관

_____

다리

_____

그림에 맞는 단어를 적어보세요.

_____ _____ _____ _____ _____ _____

l_____ c_____ f_____ m_____ c_____ b_____

단어 이야기

영어 문장을 시작할 때 첫 글자는 무조건 대문자로 시작해요. 예외가 없는 법칙이에요. 그런데 문장 중간에도 대문자로 시작하는 단어들이 가끔 보이죠? 어떤 경우인지 알아볼까요?

1) 사람이나 장소의 이름: **Suji**(수지), **Minsoo**(민수), **Sam**(샘), **Everland**(에버랜드)

2) 나라의 이름: **Korea**(한국), **China**(중국), **Canada**(캐나다)

3) 요일, 달의 이름: **Monday**(월요일), **July**(7월)

4) '나'라는 뜻의 단어 **I** 는 어디에서나 항상 대문자

➕Plus page 7

사람이나 사물의 이름을 대신해서 쓸 수 있는 단어를 알아보아요. Pronouns

사람		사물	
I 나	**my** 나의	**it** 그것
you 너	**your** 너의	**this** 이것
he 그	**his** 그의	**that** 저것
she 그녀	**her** 그녀의	**these** 이것들
we 우리	**our** 우리의	**those** 저것들
you 너희	**your** 너희의	
they 그들	**their** 그들의	

교통신호 관련 단어

1 **red light** 빨간 불
2 **green light** 초록불
3 **crosswalk** 횡단보도
4 **road** 길
5 **line** 선(도로의 하얀 선 등)
6 **block** 블록
7 **corner** 모퉁이
8 **bus stop** 버스 정류장

방향 표시

9 **east** 동
10 **west** 서
11 **south** 남
12 **north** 북

거리의 건물들

13 **gift shop** 선물가게
14 **flower shop** 꽃집
15 **shopping center** 쇼핑센터
16 **post office** 우체국
17 **sports center** 체육관, 스포츠센터
18 **concert hall** 콘서트홀
19 **police station** 경찰서
20 **bookstore** 서점
21 **bakery** 빵집
22 **market** 시장

내 주위에 있는 장소들
Places around Me

Restaurant

외식하러 가 볼까요?

그림을 찬찬히 본 후, 큰 소리로 단어를 따라 읽어보세요.

030

1 튀기다
2 자르다
3 칼
4 마시다
5 먹다
6 물
7 병
8 숟가락
9 접시
10 기름
11 사발
12 유리컵

---

1 **fry** 튀기다　　2 **cut** 자르다　　3 **knife** 칼

4 **drink** 마시다　　5 **eat** 먹다　　6 **water** 물

7 **bottle** 병　　8 **spoon** 숟가락　　9 **dish** 접시

10 **oil** 기름　　11 **bowl** 사발　　12 **glass** 유리컵

Step 1

그림을 보고 보기에서 알맞은 단어를 골라 쓰세요.

보기

| fry | eat | oil | cut | drink | water |

e _____   _____   _____   _____   _____   _____

그림에 맞는 단어에 동그라미 하세요.

glass   dish

bottle   spoon

drink   dish

bottle   bowl

knife   fry

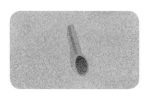

glass   spoon

 Step 2

단어를 듣고 소리 내어 읽으며 세 번씩 따라 써보세요.   031

eat

그림에 맞는 단어를 찾아 연결해보세요. 단어 소리를 들으며 두 번씩 써보세요.   032

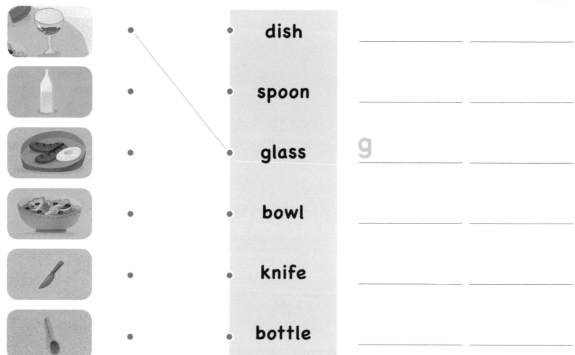

- dish
- spoon
- glass   g
- bowl
- knife
- bottle

Step 3

보기 중에 알맞은 단어를 골라 그림에 맞게 영어로 써보세요.

보기

먹다
마시다
자르다
튀기다
물
기름

o _____

w _____

c _____

f _____

d _____

e _____

주어진 알파벳 철자의 순서를 바꿔서 단어를 완성하세요.

  g s l a s g _____

 o t l b t e b _____

  i d s h d _____

  b w o l b _____

  n f e k i k _____

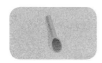 p o s n o s _____

연습문제

그림에 맞는 단어를 적어보세요.

1	2	3	4	5	6

_____ _____ _____ _____ _____ o_____

7	8	9	10	11	12

g_____ b_____ d_____ b_____ k_____ s_____

단어 이야기

외식할 때 볼 수 있는 다양한 영어 단어에 대해 배웠어요. 그런데 한 가지 이상한 점이 없었나요? '칼'이라는 뜻의 **knife**를 따라 읽을 때 왜 [크나이프]가 아니라 [나이프]라고 하는지 궁금했죠? 영어 단어에는 이렇게 가끔 읽히지 않는 소리가 있답니다. 이 친구들을 '묵음'이라고 해요.

knife[나이프] 칼, **knee**[니] 무릎, **knight**[나이트] 기사

공통점을 찾았나요? 맞아요. **n** 앞에 오는 **k**는 소리가 나지 않는답니다.

이 외에도 초등교과서 단어 중 묵음을 몇 개 더 찾아볼까요?

listen[리슨] 듣다, **castle**[캐슬] 성   **t**가 소리 나지 않아요.

tongue[텅] 혀   **ue**가 소리 나지 않아요.

climb[클라임] 오르다   **b**가 소리 나지 않아요.

honest[어니스트] 정직한   맨 앞 **h**가 소리 나지 않아요.

66   초등 영어를 결정하는 영단어

+Plus page 1

033

🔊 내가 좋아하는 음식을 영어로 알아보아요. Favorite Foods

1 fried rice
볶음밥

2 noodles
국수

3 beef curry
소고기 카레

4 cheese pizza
치즈피자

5 hamburger
햄버거

6 sandwich
샌드위치

7 hot dog
핫도그

8 cake
케이크

9 pumpkin pie
호박파이

10 apple pie
사과파이

11 spaghetti
스파게티

12 bacon and eggs 베이컨 에그

13 fruit salad
과일 샐러드

14 beef steak
소고기 스테이크

Supermarket 1

슈퍼마켓에 가 볼까요? 1

그림을 찬찬히 본 후, 큰 소리로 단어를 따라 읽어보세요.

034

| 1 | **customer** 손님 |

| 2 | **clerk** 점원 |

| 3 | **pay** 돈을 내다 |

| 4 | **check** 점검하다 |

| 5 | **choose** 고르다 |

| 6 | **sale** 판매 |

| 7 | **cart** 카트 |

| 8 | **plastic bag** 비닐봉지 |

| 9 | **cash** 현금 |

| 10 | **money** 돈 |

| 11 | **coin** 동전 |

| 12 | **price** 가격 |

Step 1

그림을 보고 보기에서 알맞은 단어를 골라 쓰세요.

보기

pay   clerk   customer   choose   sale   check

c_____ _____ _____ _____ _____ _____

다음 단어를 읽고 빈칸에 알맞은 우리말 뜻을 쓰세요.

plastic bag   price   money

cart   coin   cash

 Step 2

단어를 듣고 소리 내어 읽으며 세 번씩 따라 써보세요. 035

customer

___

___

___

___

___

그림에 맞는 단어를 찾아 연결해보세요. 단어 소리를 들으며 두 번씩 써보세요. 036

- money
- cart
- cash
- plastic bag
- coin
- price

c

보기를 보고 연관 있는 쪽에 단어를 써보세요.

물건을 사는 쪽	물건을 파는 쪽

보기

customer
clerk
choose
check
pay
sale

c_____

_____

_____

_____

_____

_____

우리말 뜻에 맞는 영어 낱말을 퍼즐에서 찾아 동그라미 한 후 단어를 써보세요.

카트

_____

비닐봉지

_____

현금

_____

k	i	a	s	u	x	c	o	i	n
y	k	p	r	i	c	e	i	y	d
q	f	m	o	n	e	y	w	l	f
p	l	a	s	t	i	c	b	a	g
v	v	h	z	c	a	r	t	z	a
l	c	u	u	s	c	a	s	h	h

돈

_____

동전

_____

가격

_____

연습문제

그림에 맞는 단어를 적어보세요.

————— ————— ————— ————— ————— —————

c ————— p ————— c ————— m————— c ————— p—————

단어 이야기

음식의 맛을 표현하는 단어에 대해 알아볼게요. 일단 음식에 간을 하려면 **salt**(소금)와 **sugar**(설탕)가 중요하겠죠? 그리고 정말 맛있는 음식을 먹었을 땐 '**It's delicious!**'(맛있어요) 라고 말해요. 하지만 막상 영어 만화를 보면 꼭 **delicious**라고만 하지는 않아요. **yummy**[여미]나 **yum~!**[염] 하면서 맛있는 표정을 짓기도 하죠. 영어 동화책에는 **scrumptious**[스크럼셔스]라는 단어도 자주 등장해요.

yum~!

+Plus page 2

내가 좋아하는 간식을 영어로 알아보아요. Favorite Snacks

1 **candy** 사탕 	2 **cookie** 쿠키 	3 **gum** 껌 
4 **ice cream** 아이스크림 	5 **popsicle** 아이스바 	6 **chocolate** 초콜릿
7 **juice** 주스 	8 **soda** 탄산음료 	9 **tea** 차 
10 **pancake** 팬케이크 	11 **lemonade** 레모네이드 	12 **bread** 빵 

Supermarket 2

슈퍼마켓에 가 볼까요? 2

그림을 찬찬히 본 후, 큰 소리로 단어를 따라 읽어보세요.

038

> 보통 여러 개를 함께 말하는 먹거리는
> 종종 s나 es를 붙여 말합니다

| 1 **bean(s)** 콩 | 2 **egg(s)** 달걀 | 3 **milk** 우유 |

| 4 **meat** 고기 | 5 **potato(es)** 감자 | 6 **fruit(s)** 과일 |

| 7 **food** 음식 | 8 **vegetable(s)** 채소 | 9 **honey** 꿀 |

| 10 **fish** 생선 | 11 **shrimp** 새우 | 12 **clam** 조개 |

철자에 주의하여 맞는 단어를 골라 동그라미 하세요.

bean   been   eeg   egg   milk   milke

meat   meet   potate   potato   fruit   frut

pood   food   vegetable   vejetable   honey   haney

pish   fish   shrimp   shrim   clam   clamb

 Step 2

단어를 듣고 소리 내어 읽으며 세 번씩 따라 써보세요.

039

bean

그림에 맞는 단어를 찾아 연결해보세요. 단어 소리를 들으며 두 번씩 써보세요.

040

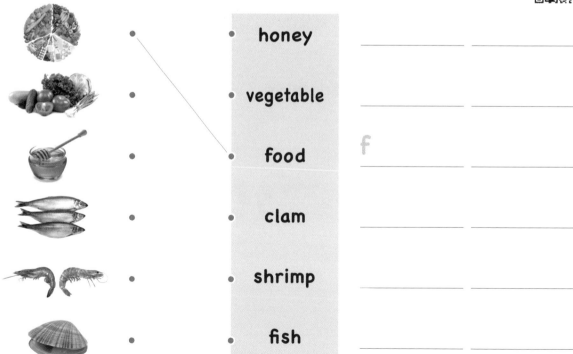

honey

vegetable

food   f

clam

shrimp

fish

Step 3

보기 중에 알맞은 단어를 골라 그림에 맞게 영어로 써보세요.

보기

우유
과일
고기
콩
달걀
감자

f _____   b _____   p _____

m _____   m _____   e _____

우리말 뜻에 맞는 낱말을 찾아 써보세요.

vegetableghoneyjfoodeclamqshrimpefish

음식   생선

_____   _____

채소   새우

_____   _____

꿀   조개

_____   _____

연습문제

그림에 맞는 단어를 적어보세요.

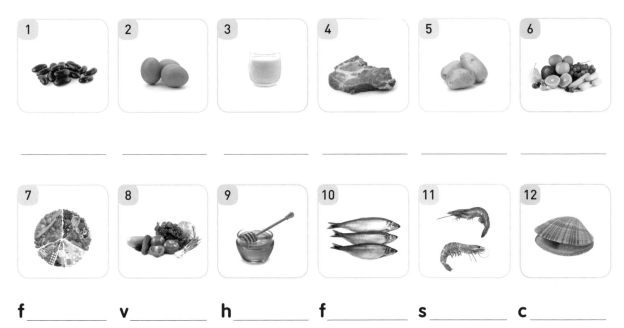

1	2	3	4	5	6

f_____ v_____ h_____ f_____ s_____ c_____

단어 이야기

맛 표현 2탄이에요. 음식의 맛은 **flavor**[플레이버]라고 해요. "어떤 맛 아이스크림이 좋아?" 할 때 '**Which flavor of ice cream do you like?**'라고 한답니다. 또 **taste**[테이스트]라고 하기도 해요. 단맛, 신맛 등의 맛을 뜻하죠. 여러분은 어떤 맛을 좋아하나요?

sweet 단   **sour** 신   **bitter** 쓴   **salty** 짠   **spicy** 매운

041

➕Plus page 3

신선한 과일과 채소의 이름을 알아보아요. Fresh Fruits and Vegetables

과일 Fruits

watermelon
수박

apple
사과

grape(s)
포도

pear
배

orange
오렌지

lemon
레몬

kiwi
키위

채소 Vegetables

carrot
당근

corn
옥수수

cucumber
오이

strawberry
딸기

onion
양파

tomato
토마토

cabbage
양배추

Unit 4

Birthday Party

생일파티에 가 볼까요?

그림을 찬찬히 본 후, 큰 소리로 단어를 따라 읽어보세요.

042

1 **birthday** 생일 	2 **party** 파티, 잔치 

3 **present** 선물

4 **friend** 친구

5 **together** 함께

6 **invite** 초대하다

7 **balloon** 풍선

8 **letter** 편지

9 **address** 주소

10 **holiday** 명절

11 **welcome** 환영하다

12 **congratulate** 축하하다

Step 1

그림을 보고 보기에서 알맞은 단어를 골라 쓰세요.

보기

| party | present | birthday | together | invite | friend |

그림과 한글 뜻을 보고 맞는 철자의 단어에 동그라미 하세요.

풍선

baloon   **balloon**

편지

letter   **leter**

주소

address   **adrress**

명절

haliday
holiday

환영하다

wellcom
welcome

축하하다

congratulate
conglaturate

단어를 듣고 소리 내어 읽으며 세 번씩 따라 써보세요. 043

birthday

그림에 맞는 단어를 찾아 연결해보세요. 단어 소리를 들으며 두 번씩 써보세요. 044

letter

congratulate

balloon   b

holiday

welcome

address

Step 3

빈칸에 알맞은 단어를 써보세요.

1

2

3

4

5

가로	세로
1 – 파티	1 – 선물
4 – 함께	2 – 초대하다
5 – 생일	3 – 친구

주어진 알파벳 철자의 순서를 바꿔서 단어를 완성하세요.

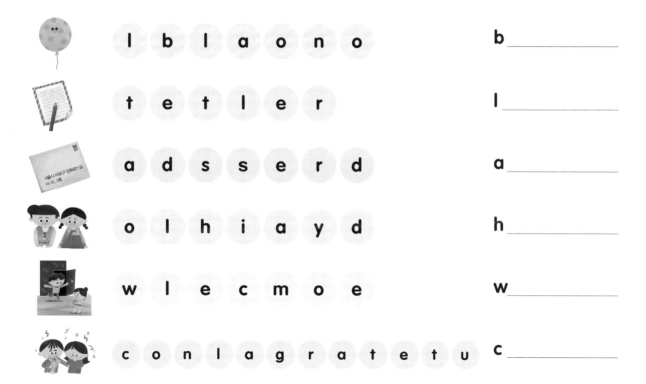

l b l a o n o   b_____

t e t l e r   l_____

a d s s e r d   a_____

o l h i a y d   h_____

w l e c m o e   w_____

c o n l a g r a t e t u   c_____

연습문제

그림에 맞는 단어를 적어보세요.

1   2   3   4   5   6

7   8   9   10   11   12

b_____   l_____   a_____   h_____   w_____   c_____

단어 이야기

선물은 언제 받아도 기분이 좋죠? 선물이라는 단어는 **present** 말고도 **gift**[기프트]가 있어요. 문화상품권 등의 상품권은 **gift card**라고 해요. 여기에서는 두 단어의 다른 뜻에 대해 알려 드릴게요. **gift**는 사은품이나 선물로도 쓰이지만 타고난 '재능'을 의미하기도 해요. 신에게 받은 선물이라고 이해하면 금방 외워져요. **present**는 생일 선물이나 산타 할아버지께 받는 선물로도 쓰이지만 '현재'라는 뜻도 있어요. 그래서 사람들은 지금 우리가 보내고 있는 '현재'가 바로 '선물'이라고 이야기하곤 한답니다.

+Plus page 4

영어로 색깔을 말해보아요. Color Names

Colors (색깔)

black 검정   black

white 하양

gold 금색

gray 회색

pink 분홍

brown 갈색

yellow 노랑

orange 주황

red 빨강

blue 파랑

purple 보라

green 초록

Unit 5

Baseball Game

야구장에 가 볼까요?

그림을 찬찬히 본 후, 큰 소리로 단어를 따라 읽어보세요.

1 crowd 관중

2 run 달리다

3 hit 치다

4 sport 운동 경기

5 baseball 야구

6 catch 잡다

7 bat 배트

8 glove 장갑

9 win 이기다

10 prize 상

11 ball 공

12 score 점수

Step 1

그림을 보고 보기에서 알맞은 단어를 골라 쓰세요.

보기

win   catch   bat   glove   prize   hit

b _____   _____   _____   _____   _____   _____

다음 단어를 읽고 빈칸에 알맞은 우리말 뜻을 쓰세요.

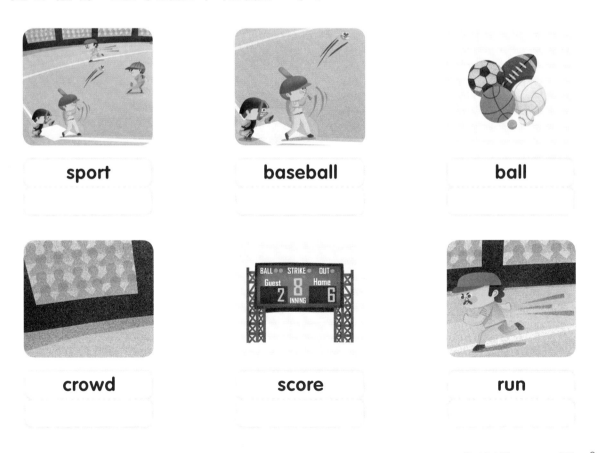

sport

baseball

ball

crowd

score

run

단어를 듣고 소리 내어 읽으며 세 번씩 따라 써보세요.   047

bat

_____ _____ _____

_____ _____ _____

_____ _____ _____

_____ _____ _____

_____ _____ _____

_____ _____ _____

퍼즐 조각을 맞추어 단어를 완성한 후, 단어 소리를 들으며 두 번씩 써보세요.   048

cr	•	•	un	달리다	_____ _____
base	•	•	owd	관중	_____ _____
ba	•	•	rt	운동 경기	s _____
spo	•	•	ball	야구	_____ _____
r	•	•	ll	공	_____ _____
sc	•	•	ore	점수	_____ _____

Step 3

보기 중에 알맞은 단어를 골라 그림에 맞게 영어로 써보세요.

보기

배트

장갑

상

치다

잡다

이기다

b_____

h_____

g_____

c_____

p_____

w_____

주어진 알파벳 철자를 이용하여 단어를 완성하세요.

s o p r t

_____

b a b a l l s e

_____

n u r

_____

l a b l

_____

c o s r e

_____

c r d w o

_____

그림에 맞는 단어를 적어보세요.

_____ _____ _____ _____ _____ _____

s_____ b_____ b_____ c_____ s_____ r_____

단어 이야기

야구에 관한 단어들을 배웠어요. 야구장은 영어로 뭐라고 할까요? 보통 운동장, 경기장은 **field**[필드]나 **ground**[그라운드]라고 해요. 야구장은 **baseball park**[파크] 또는 **ball park**라고도 하지요. 축구를 이야기할 때는 그라운드를 누빈다고 하지만 막상 축구장은 **soccer field**라고 많이 하죠. 골프는 필드에서 한다고 하지만 골프장은 **golf course**[코스]예요. 농구장이나 테니스장은 **court**[코트]라고 한답니다. 운동경기마다 다른 이름으로 부르는 것이 재미있지 않나요?

049

+Plus page 5

basketball 농구

football (미국에서는) 미식축구
(유럽에서는) 축구

soccer 축구

badminton 배드민턴

tennis 테니스

dodgeball 피구

exercise (=work out)
스포츠 경기가 아닌 가벼운 운동

jump rope 줄넘기

Vacation

휴가를 떠나 볼까요?

그림을 찬찬히 본 후, 큰 소리로 단어를 따라 읽어보세요.

050

1 속력
2 자전거
3 체인, 사슬
4 추억
5 함께하다
6 배
7 모래
8 높이 뛰다
9 그리다
10 수영하다
11 바닷가
12 즐기다

1 **speed** 속력　　2 **bicycle** 자전거　　3 **chain** 체인, 사슬

4 **memory** 추억　　5 **join** 함께하다　　6 **boat** 배

7 **sand** 모래　　8 **jump** 높이 뛰다　　9 **draw** 그리다

10 **swim** 수영하다　　11 **beach** 바닷가　　12 **enjoy** 즐기다

Step 1

그림을 보고 알맞은 단어를 골라 동그라미 한 후, 우리말 뜻을 쓰세요.

beach   speed

memory   enjoy

sand   chain

swim   sand

jump   boat

speed   memory

bicycle   boat

beach   chain

speed   swim

jump   draw

boat   draw

memory   join

단어를 듣고 소리 내어 읽으며 세 번씩 따라 써보세요. 051

beach

_____ _____ _____

_____ _____ _____

_____ _____ _____

_____ _____ _____

_____ _____ _____

_____ _____ _____

그림에 맞는 단어를 찾아 연결해보세요. 단어 소리를 들으며 두 번씩 써보세요. 052

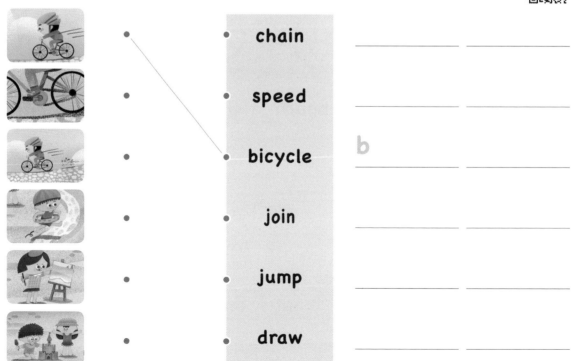

chain   _____ _____

speed   _____ _____

bicycle   b _____ _____

join   _____ _____

jump   _____ _____

draw   _____ _____

Step 3

빈칸에 알맞은 단어를 써보세요.

1   2

3

4

5

가로	세로
1 – 수영하다	1 – 모래
3 – 배	2 – 추억
5 – 즐기다	4 – 바닷가

주어진 알파벳 철자를 이용하여 단어를 완성하세요.

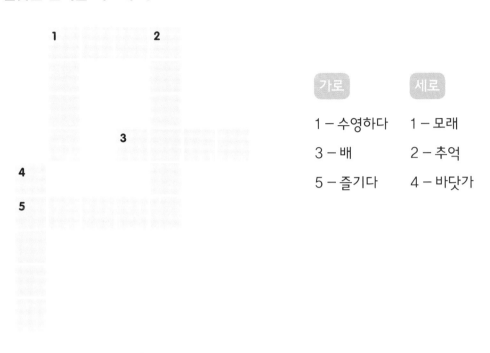

b c i c l e y

c n h i a

e e s p d

m p u j

d w a r

o i j n

연습문제

그림에 맞는 단어를 적어보세요.

_____   _____   _____   _____   _____   _____

b_____   c_____   s_____   j_____   d_____   j_____

단어 이야기

바닷가에서 물놀이하는 건 생각만 해도 신나죠? 모래사장이나 자갈이 있는 바닷가 또는 해변은 **beach** 라고 해요. 그렇다면 **sea**랑 **ocean**은 무슨 차이일까요? 사전을 찾으면 둘 다 바다라고 나오는데 말이죠. **sea**는 일반적으로 이야기하는 바다, 또는 육지에서 아주 멀지 않은 곳을 주로 말해요. 반면에 **ocean**은 아주 먼 바다를 말한다고 생각하면 쉬워요. 태평양을 **Pacific Ocean**이라고 하거든요. 쉽게 이해하는 방법 알려드릴까요? 배를 타고 **beach**에서 출발해서 한참 가면 **sea**, 더 한참 가서 망망대해가 나오면 **ocean**이라고 외워보세요.

+Plus page 6

053

주말에 하는 야외 활동을 영어로 알아보아요. Weekend Activities

camping 캠핑

fishing 낚시

swimming 수영

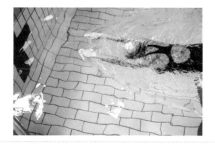

skating 스케이트 타기

skiing 스키 타기

climbing 등산

skateboarding 스케이트보드 타기

hiking 걷기 여행

Zoo

동물원에 가 볼까요?

그림을 찬찬히 본 후, 큰 소리로 단어를 따라 읽어보세요.

054

1 **cage** 우리, 새장	2 **bird** 새	3 **festival** 축제	4 **tiger** 호랑이
5 **mouse** 쥐	6 **bear** 곰	7 **safe** 안전한	8 **animal** 동물
9 **danger** 위험	10 **zoo** 동물원	11 **feed** 먹이다	12 **fox** 여우

Step 1

철자에 주의하여 그림에 맞는 단어를 골라 동그라미 한 후, 우리말 뜻을 쓰세요.

zoo   zo

animal   enimal

danjer   danger

_____   _____   _____

sape   safe

cage   kage

berd   bird

_____   _____   _____

tiger   taiger

beer   bear

fox   pox

_____   _____   _____

mouse   mause

pestibal   festival

feed   peed

_____   _____   _____

Step 2

단어를 듣고 소리 내어 읽으며 세 번씩 따라 써보세요.

055

ZOO

_____ _____ _____

_____ _____ _____

_____ _____ _____

_____ _____ _____

_____ _____ _____

_____ _____ _____

퍼즐 조각을 맞추어 단어를 완성한 후, 단어 소리를 들으며 두 번씩 써보세요.

056

ti	•	•	ed	먹이다	_____	_____
be	•	•	ger	호랑이	t_____	_____
mou	•	•	ar	곰	_____	_____
f	•	•	tival	축제	_____	_____
fes	•	•	se	쥐	_____	_____
fe	•	•	ox	여우	_____	_____

Step 3

보기 중에 알맞은 단어를 골라 그림에 맞게 영어로 써보세요.

보기

동물원

새장

위험

안전한

새

동물

a _____

b _____

s _____

z _____

c _____

d _____

우리말 뜻에 맞는 영어 낱말을 퍼즐에서 찾아 동그라미 한 후 단어를 써보세요.

호랑이

_____

곰

_____

여우

_____

b	e	t	a	b	e	a	r	u	p
m	l	f	o	x	f	e	t	g	a
f	e	s	t	i	v	a	l	m	n
k	p	m	o	u	s	e	q	a	h
t	o	t	i	g	e	r	c	h	z
j	h	p	a	t	i	f	e	e	d

쥐

_____

축제

_____

먹이다

_____

연습문제

그림에 맞는 단어를 적어보세요.

1 _____ 2 _____ 3 _____ 4 _____ 5 _____ 6 _____

t_____ b_____ f_____ m_____ f_____ f_____

단어 이야기

동물원은 언제 가도 재미있는 곳이죠? 하지만 조심해야 할 것도 많아요. 동물원에 가면 오늘 배운 단어들을 만나볼 수 있답니다. '**Please be safe.**'는 안전에 주의하라는 뜻입니다. '**Please do not feed the animals.**'는 무슨 뜻일까요? 맞아요. 동물들에게 먹이를 주지 말라는 뜻이랍니다. 이 밖에도 위험하다는 표지판도 종종 볼 수 있답니다.

057

+Plus page 7

동물병원에서 만날 수 있는 영어 단어를 알아보아요. Animals in a Pet Hospital

turtle 거북이

hamster 햄스터

kitten 아기 고양이

gecko 도마뱀

puppy 강아지

vet 수의사

surgery 수술

058

city 도시

1 **tower** 타워
2 **town** 마을
3 **many people** 많은 사람들

park 공원

4 **playground** 놀이터
5 **play** 놀다
6 **slide** 미끄럼틀
7 **seesaw** 시소
8 **hide-and-seek** 숨바꼭질
9 **adventure** 모험
10 **trash** 쓰레기

country side 시골

11 **tree** 나무
12 **hill** 언덕
13 **picnic** 소풍
14 **sky** 하늘
15 **lake** 호수

일상생활에 쓰는 표현
Living a Life

Life Cycle

일생에 대해 알아보아요.

그림을 찬찬히 본 후, 큰 소리로 단어를 따라 읽어보세요.

059

세상에 태어난다는
뜻이예요

1 **birth** 출생

2 **baby** 아기

3 **child(=kid)** 어린이

4 **boy** 소년

5 **girl** 소녀

6 **teen** 십대

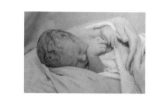

7 **adult** 어른

8 **couple** 한 쌍

9 **wedding** 결혼식

10 **young** 젊은

11 **old** 늙은

12 **death** 죽음

Step 1

그림을 보고 보기에서 알맞은 단어를 골라 쓰세요.

보기

| adult | birth | child | baby | teen | death |

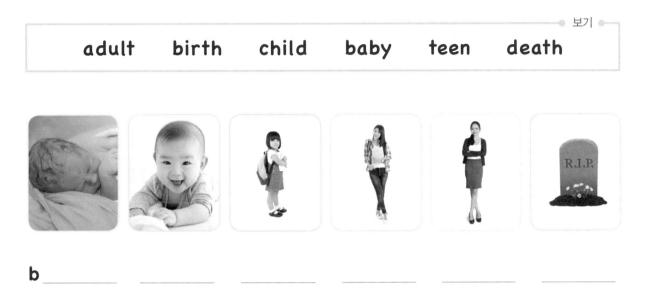

b_____   _____   _____   _____   _____

빈칸에 알맞은 철자를 넣어 단어를 완성하세요.

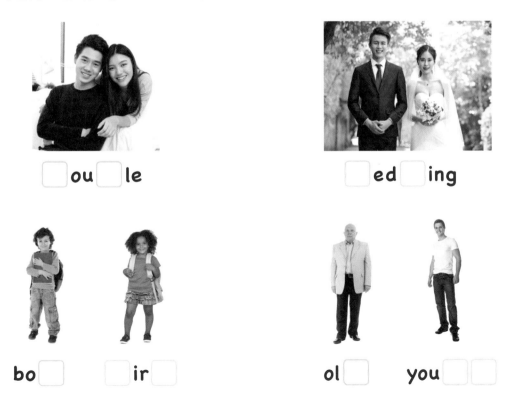

☐ou☐le

☐ed☐ing

bo☐   ir☐

ol☐   you☐☐

단어를 듣고 소리 내어 읽으며 세 번씩 따라 써보세요.

birth

그림에 맞는 단어를 찾아 연결해보세요. 단어 소리를 들으며 두 번씩 써보세요.

061

girl

wedding   w

boy

old

couple

young

Step 3

빈칸에 알맞은 단어를 써보세요.

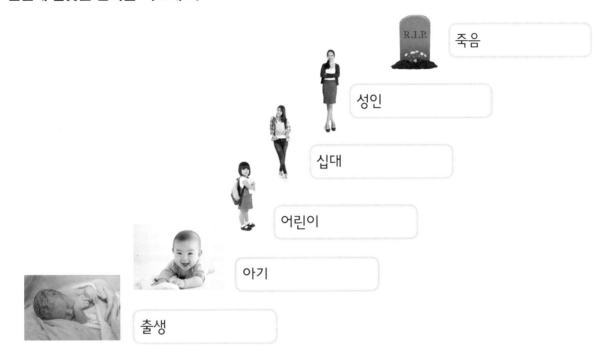

죽음

성인

십대

어린이

아기

출생

주어진 알파벳 철자를 이용하여 단어를 완성하세요.

o y b

i l g r

e w d d n g i

c o u l p e

d l o

u n g y o

그림에 맞는 단어를 적어보세요.

1	2	3	4	5	6

_____ _____ _____ _____ _____ **d** _____

7	8	9	10	11	12

g_____ **b**_____ **w**_____ **c**_____ **o**_____ **y**_____

단어 이야기

아기부터 노인까지 사람의 일생에 대한 단어를 알아보았어요. 이렇게 태어나고 성장하는 과정을 우리말로는 '한살이'라고 하구요, 영어로는 **life cycle**[라이프 사이클]이라고 해요. 개구리가 알에서부터 올챙이가 되고 뒷다리가 나오고 앞다리가 나오고 어른 개구리가 되는 과정은 개구리의 **life cycle**이 되는 것이죠.

+Plus page 1

때를 나타내는 다양한 단어를 알아보아요. Times of the Day

morning
아침

noon
정오

afternoon
오후

evening
저녁

night
밤

breakfast 아침 식사

lunch 점심 식사

dinner 저녁 식사

past 과거   **present** 현재   **future** 미래

yesterday   **today**   **tomorrow**
어제   오늘   내일

Feelings and Characters

기분이나 성격을 나타내는 표현을 알아보아요.

그림을 찬찬히 본 후, 큰 소리로 단어를 따라 읽어보세요.

063

1 feel 느끼다	**2 happy** 행복한	**3 glad** 기쁜

4 sad 슬픈   **5 upset** 속상한   **6 worry** 걱정하다

7 hate 싫어하다   **8 crazy** 미친   **9 curious** 호기심 많은

10 anger 화   **11 quiet** 조용한   **12 afraid** 겁내는

Step 1

그림을 보고 보기에서 알맞은 단어를 골라 쓰세요.

보기

| worry | glad | feel | happy | sad | upset |

f_____   h_____   g_____   s_____   u_____   w_____

다음 단어를 읽고 빈칸에 알맞은 우리말 뜻을 쓰세요.

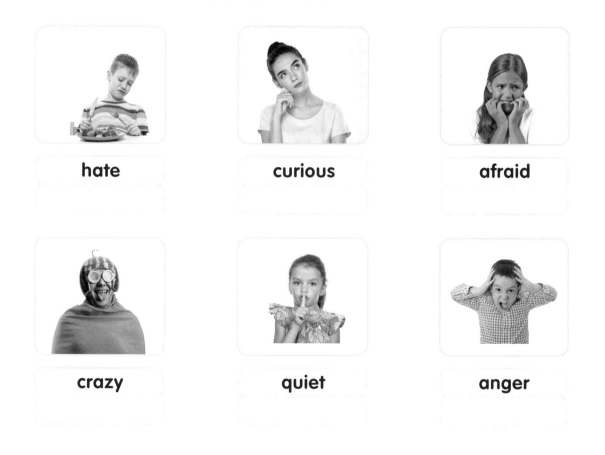

hate   curious   afraid

crazy   quiet   anger

단어를 듣고 소리 내어 읽으며 세 번씩 따라 써보세요.

 064

feel

그림에 맞는 단어를 찾아 연결해보세요. 단어 소리를 들으며 두 번씩 써보세요.   065

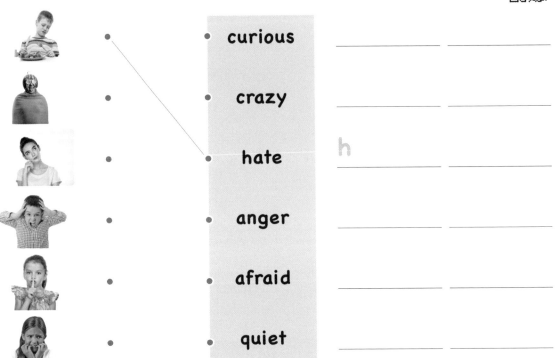

curious

crazy

hate   h

anger

afraid

quiet

Step 3

빈칸에 알맞은 알파벳을 써넣은 후, 해당 번호의 알파벳으로 아래 단어를 완성하세요.

기쁜				1		
느끼다		2				
걱정하다				3		
행복한			4			
슬픈				5		
속상한						

답 :

i

1   2   3   4   5

우리말 뜻에 맞는 영어 낱말을 퍼즐에서 찾아 동그라미 한 후 단어를 써보세요.

싫어하다

겁내는

화

h	a	t	e	r	g	h	p	a	d	j
n	k	e	o	c	r	a	z	y	q	i
p	a	f	r	a	i	d	h	k	z	x
o	y	w	q	u	i	e	t	f	i	v
k	e	r	a	n	g	e	r	o	a	i
h	c	u	r	i	o	u	s	c	u	a

호기심 많은

조용한

미친

연습문제

그림에 맞는 단어를 적어보세요.

f_____   h_____   g_____   s_____   u_____   w_____

h_____   c_____   c_____   a_____   q_____   a_____

단어 이야기

감정이나 성격을 나타내는 단어들은 우리의 감정만큼이나 다양해요. 우리말로는 같은 뜻이지만 다른 영어 단어로 쓰이면 미묘한 차이를 나타내기도 해요. 예를 들면, 같은 '화가 나는'의 의미로 angry[앵그리]라고 할 수도, upset[업셋]이라고 할 수도, mad[매드]라고 할 수도 있답니다. upset은 실망하거나 속이 상해 화가 난다고 이해하면 좋고요, angry는 진짜 화가 난 것, mad는 화가 더 많이 난 것으로 이해하면 편해요. 물론 상황에 따라서는 구분하지 않고 쓰기도 한답니다.

이렇게 단어를 외울 때 같은 뜻의 단어들을 함께 머릿속에 떠올려보는 것은 아주 좋은 학습법입니다. 머릿속의 같은 장소에 저장한다고 생각하고 외워 놓으면 더욱 좋지요. 나중에 학년이 올라가고 외워야 할 단어 수가 많아지면 아주 유용하답니다. 특히, 시험을 볼 때 좋은 비법이 되어 줄 겁니다.

➕Plus page 2

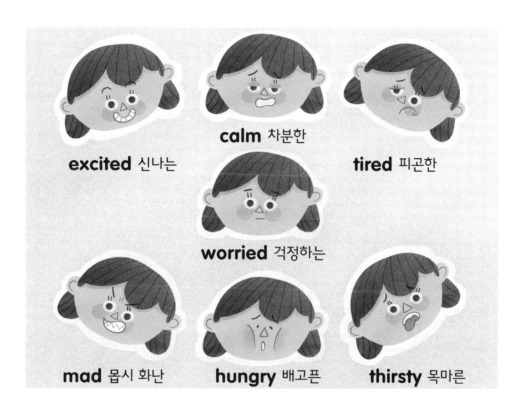

성격이나 기분을 나타내는 말을 더 알아보아요. More Feelings and Characters

excited 신나는 calm 차분한 tired 피곤한

worried 걱정하는

mad 몹시 화난 hungry 배고픈 thirsty 목마른

빈칸에 알맞은 우리말 뜻을 써보세요.

excited		mad	
calm		thirsty	
tired		hungry	
worried			

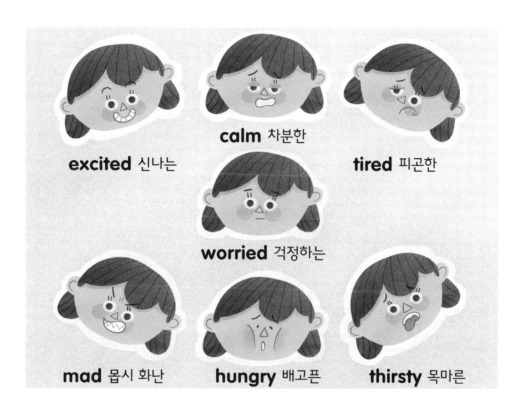

Sick Day

몸이 아플 때 쓰는 표현을 알아보아요.

그림을 찬찬히 본 후, 큰 소리로 단어를 따라 읽어보세요.

067

| 1 | **sick** 아픈 | 2 | **cold** 감기 | 3 | **fever** 열 |

| 4 | **nurse** 간호사 | 5 | **doctor** 의사 | 6 | **dentist** 치과의사 |

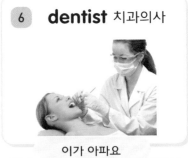

머리가 아파요   배가 아파요   이가 아파요

| 7 | **headache** 두통 | 8 | **stomachache** 복통 | 9 | **toothache** 치통 |

| 10 | **runny nose** 콧물 | 11 | **hurt** 다치다 | 12 | **medicine** 약 |

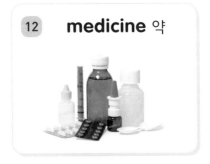

Step 1

그림을 보고 보기에서 알맞은 단어를 골라 쓰세요.

보기

dentist   sick   fever   doctor   cold   nurse

s_____   _____   _____   _____   _____   _____

그림과 맞는 단어에 동그라미 하세요..

headache
medicine

stomachache
fever

headache
toothache

dentist
runny nose

hurt
nurse

medicine
doctor

Step 2

단어를 듣고 소리 내어 읽으며 세 번씩 따라 써보세요.

068

sick

퍼즐 조각을 맞추어 단어를 완성한 후, 단어 소리를 들으며 두 번씩 써보세요.

069

head	•	•	rt	다치다	
sto	•	•	thache	치통	
too	•	•	ache	두통	h
runny	•	•	machache	복통	
hu	•	•	cine	약	
medi	•	•	nose	콧물	

Step 3

보기 중에 알맞은 단어를 골라 그림에 맞게 영어로 써보세요.

보기

열

감기

의사

간호사

아픈

치과의사

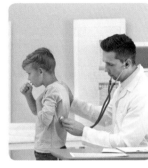

f _____   c _____   s _____

n _____   d _____   d _____

주어진 알파벳 철자의 순서를 바꿔서 단어를 완성하세요.

     h a e a c h d e   h _____

     s ch to ac ma he   s _____

     too t a h c h e   t _____

     n ru o n s n e y   r _____

     r t h u   h _____

m c e i d n i e   m _____

연습문제

그림에 맞는 단어를 적어보세요.

1 _____ 2 _____ 3 _____ 4 _____ 5 _____ 6 _____

7 h___a___ 8 s_____ 9 t___a___ 10 r_____ 11 h_____ 12 m_____

a_____

단어 이야기

아플 땐 어디가 어떻게 아픈지 이야기하는 게 정말 중요해요. 눈치가 빠른 친구들은 벌써 규칙을 알았을 거예요. 아픈 부위에 **ache**를 붙이면 그곳이 아프다는 뜻이 되었죠? '**head + ache**'처럼요. 감기 증상은 **fever**나 **runny nose** 말고 **cough**[커프] 기침도 있고 **sneeze**[스니즈] 재채기도 있어요.

이렇게 병이 나서 아픈 것 외에 다쳐서 아프기도 하죠. 칼에 베인 상처는 **cut**[컷], 모기에 물린 것은 **bite**[바이트], 부딪혀 멍이 든 것은 **bruise**[브루즈], 뜨거운 것에 덴 것은 **burn**[번]이라고 해요. 친구들이 축구 하다가 뼈가 부러져 깁스를 하기도 하죠?

그럴 때는 **broken bone**[브로큰 본]이라고 한답니다. 참, 깁스는 올바른 영어 표현이 아니에요, 영어로는 **cast**라고 한답니다. 다치지 않게 조심하세요.

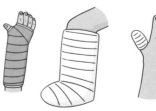 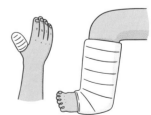

070

+Plus page 3

우리 몸이 느끼는 감각을 영어로 알아보아요. Senses

앞에서 배운 우리 몸 단어들과 감각 단어들을 이용하여 빈칸을 채워보세요.

	body	sense
눈	eye	see
코		
귀		
입		
손		

Unit 4 — Looks and Characters

외모와 성격을 표현해 보아요.

그림을 찬찬히 본 후, 큰 소리로 단어를 따라 읽어보세요.

071

1 **brave** 용감한	2 **cute** 귀여운	3 **handsome** 잘생긴

4 **pretty** 예쁜	5 **lazy** 게으른	6 **shy** 수줍어하는

7 **smart** 똑똑한	8 **ugly** 못생긴	9 **kind** 친절한

10 **famous** 유명한	11 **dirty** 더러운	12 **honest** 정직한

 **Step 1**

그림을 보고 철자가 맞는 단어를 골라 동그라미 한 후, 우리말 뜻을 쓰세요.

brave　braiv

_____

kute　cute

_____

hansome　handsome

_____

pretty　prety

_____

lasy　lazy

_____

shy　shai

_____

smat　smart

_____

ugly　uglly

_____

kaind　kind

_____

famous　famus

_____

derty　dirty

_____

onest　honest

_____

단어를 듣고 소리 내어 읽으며 세 번씩 따라 써보세요.

072

brave

_____   _____   _____

_____   _____   _____

_____   _____   _____

_____   _____   _____

_____   _____   _____

_____   _____   _____

그림에 맞는 단어를 찾아 연결해보세요. 단어 소리를 들으며 두 번씩 써보세요.

073

kind

smart   s

ugly

famous

honest

dirty

Step 3

보기 중에 알맞은 단어를 골라 그림에 맞게 영어로 써보세요.

보기
잘생긴
귀여운
용감한
게으른
예쁜
수줍어하는

h _____ c _____ p _____

b _____ s _____ l _____

우리말 뜻에 맞는 낱말을 찾아 써보세요.

yuglyrkindepsmartfefamoustdirtymhonest

똑똑한

_____

못생긴

_____

친절한

_____

유명한

_____

더러운

_____

정직한

_____

연습문제

그림에 맞는 단어를 적어보세요.

1 _____ 2 _____ 3 _____ 4 _____ 5 _____ 6 _____

s_____ u_____ k_____ f_____ d_____ h_____

단어 이야기

성격이나 외모를 표현하는 단어들을 알아두면 가족이나 친구에 관해 이야기하거나 다른 사람에게 소개할 때 유용해요. 좋은 뜻의 단어들은 칭찬이 되지만, 들어서 기분이 나쁠 수 있는 단어들은 조심해야겠죠?

nice[나이스]는 칭찬의 말이에요. **kind**처럼 친절하고 착한 사람을 말하죠.

fantastic[팬태스틱]은 엄청난 칭찬의 말이에요. 끝내준다는 뜻이거든요. '원더우먼' 같은 액션 히어로나 친구들이 좋아하는 가수를 말할 때 쓰면 딱 맞아요.

fun[펀]은 재미있다는 뜻이에요. 어떤 사람이 유쾌하고 이야기도 재미있게 잘해서 분위기를 좋게 만든다면 이 단어를 쓰세요.

funny[퍼니]도 재미있다는 뜻이지만 사람에게 쓸 때는 조심해야 해요. 우리말로도 어떤 사람이 웃긴다고 하면 좋은 의미만 있는 건 아니잖아요.

+Plus page 4

헤어 스타일을 표현하는 방법을 알아보아요. About Hairstyles

| 길이 | long 긴 | short 짧은 |
| 모양 | straight 곧은 | curly 곱슬곱슬한 |

머리 모양을 설명하는 표현이 여러 가지가 있죠? 한 가지 이상의 표현으로 설명해야 할 때도 있을 거예요. 예를 들어, 짧으면서 곱슬거리는 머리는 어떻게 말하면 좋을까요? 보통 길이에 대한 표현이 모양에 대한 표현보다 먼저 온답니다.

short + curly = short curly hair

long + straight = long straight hair

Jobs

직업에 대해 알아보아요.

그림을 찬찬히 본 후, 큰 소리로 단어를 따라 읽어보세요.

075

1 **police officer** 경찰관

2 **engineer** 공학자

3 **designer** 디자이너

4 **scientist** 과학자

5 **firefighter** 소방관

6 **pilot** 파일럿, 조종사

7 **singer** 가수

8 **dancer** 무용가

9 **painter** 화가

10 **cook** (=chef) 요리사

11 **writer** 작가

12 **farmer** 농부

Step 1

다음 영어 단어를 읽고 맞는 그림에 동그라미 하세요.

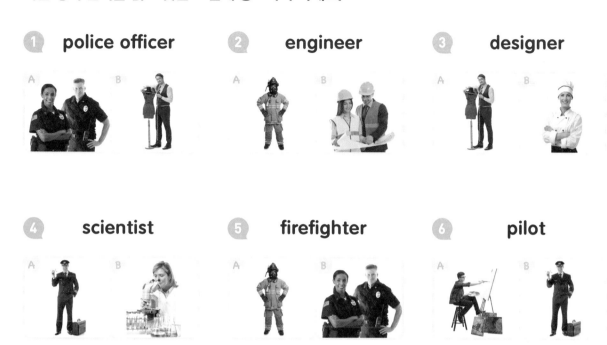

1. **police officer**

2. **engineer**

3. **designer**

4. **scientist**

5. **firefighter**

6. **pilot**

7. **singer**

8. **dancer**

9. **painter**

10. **cook** (=chef)

11. **writer**

12. **farmer**

단어를 듣고 소리 내어 읽으며 세 번씩 따라 써보세요.   076

police officer

그림에 맞는 단어를 찾아 연결해보세요. 단어 소리를 들으며 두 번씩 써보세요.   077

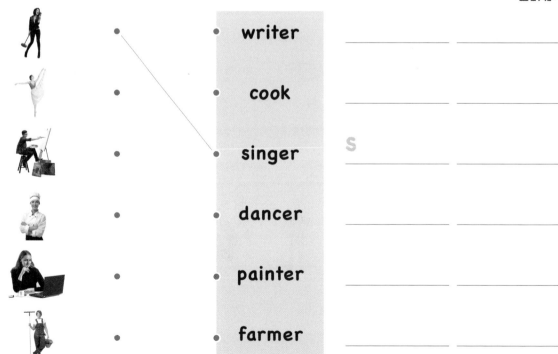

writer

cook

singer

dancer

painter

farmer

Step 3

맨 앞과 맨 뒤 글자에 유의하여 그림에 맞는 단어를 써보세요.

p	
	t
	r
f	
e	
	t

주어진 알파벳 철자를 이용하여 단어를 완성하세요.

s n r i e g	d a c n r e	t e r i n p a
k o c o	i w r e t r	e f a m r r

연습문제

그림에 맞는 단어를 적어보세요.

1. _____ 2. _____ 3. _____ 4. _____ 5. _____ 6. _____

s_____ d_____ p_____ c_____ w_____ f_____

단어 이야기

나중에 커서 어떤 직업을 가지고 싶나요? 오늘 배운 단어 중에 있어요? 예외가 많긴 하지만 동작을 나타내는 단어 뒤에 '**-er, -or, -ist**'를 붙이면 직업으로 삼아 전문적으로 하는 사람을 나타낸답니다.

sing (노래하다)**+er =singer** (가수) / **dance** (춤을 추다) **+ er =dancer** (무용가)

그리고 단어를 추가해서 직업을 구체적으로 말할 수도 있어요. **designer** 앞에 단어를 추가해볼까요?

fashion designer – 패션 디자이너: 옷을 디자인하는 사람

car designer – 자동차 디자이너: 자동차를 디자인하는 사람

hair designer – 헤어 디자이너: 머리 모양을 디자인하고 예쁘게 만들어주는 사람

+Plus page 5

078

다양한 직업을 영어로 알아보아요. More Jobs

1 announcer
아나운서

2 photographer
사진작가

3 comedian
코미디언

4 soccer player
축구선수

5 cartoonist
만화가

6 movie director
영화감독

7 model
모델

8 traveler
여행가

9 musician
음악가

10 actor
배우

11 actress
여배우

12 pianist
피아니스트

Unit 6 Transportation

교통수단에 대해 알아보아요.

그림을 찬찬히 본 후, 큰 소리로 단어를 따라 읽어보세요.

079

1 train 기차

2 bus 버스

3 ship 배

4 subway 지하철

5 airplane 비행기

6 helicopter 헬리콥터

7 airport 공항

8 arrive 도착하다

9 drive 운전하다

10 seatbelt 안전벨트

11 engine 엔진

12 fly 날다

Step 1

단어에 맞는 그림을 골라 밑줄에 번호를 쓰세요.

train _____   bus _____   ship _____

subway _____   airplane _____   helicopter _____

그림과 한글 뜻을 보고 맞는 철자의 단어에 동그라미 하세요.

공항

airport   airpot

도착하다

arive   arrive

운전하다

drive   draiv

안전벨트

sitbelt   seatbelt

엔진

engine   engin

날다

fly   fli

 **Step 2**

단어를 듣고 소리 내어 읽으며 세 번씩 따라 써보세요.   080

train

그림에 맞는 단어를 찾아 연결해보세요. 단어 소리를 들으며 두 번씩 써보세요.   081

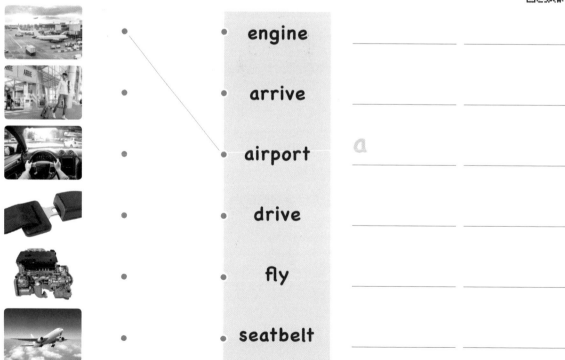

engine

arrive

airport   a

drive

fly

seatbelt

Step 3

빈칸에 알맞은 단어를 써보세요.

```
        1        2
        
    3
    
  4
    
    
  5
    
    
    6
```

가로	세로
3 – 기차	1 – 비행기
5 – 지하철	2 – 배
6 – 헬리콥터	4 – 버스

우리말 뜻에 맞는 영어 낱말을 퍼즐에서 찾아 동그라미 한 후 단어를 써보세요.

공항

_____

도착하다

_____

운전하다

_____

h	a	t	e	n	g	i	n	e	d	j
f	l	y	o	c	r	a	z	y	q	i
p	a	f	r	d	r	i	v	e	z	x
o	y	a	r	r	i	v	e	f	i	p
k	s	e	a	t	b	e	l	t	a	i
e	a	i	r	p	o	r	t	c	u	a

안전벨트

_____

엔진

_____

날다

_____

연습문제

그림에 맞는 단어를 적어보세요.

_____ _____ _____ _____ _____ _____

a_____ a_____ d_____ s_____ e_____ f_____

단어 이야기

가족들과 외식도 하고, 할머니 댁에도 가고 하려면 우리 친구들도 자동차나 버스, 지하철을 탈 일이 가끔 있을 거예요. 얼마나 자주 무엇을 하는지 이야기할 때 필요한 단어들을 알아볼게요. 이해하기 쉽도록 일주일을 기준으로 설명할게요.

once 한 번 (일주일에 한 번)

sometimes 가끔 (일주일에 2~3번)

often 자주 (일주일에 4번)

usually 대개 (일주일에 5~6번)

always 항상 (매일)

+Plus page 6

시	___ o'clock	분	
1시	one	5	five
2	two	10	ten
3	three	15	fifteen
4	four	20	twenty
5	five	25	twenty five
6	six	30	thirty
7	seven	35	thirty five
8	eight	40	forty
9	nine	45	forty five
10	ten	50	fifty
11	eleven	55	fifty five
12	twelve	60	sixty

10:30				
ten thirty	seven o'clock	nine o'clock	four ten	twelve forty

Weather

날씨에 대해 알아보아요.

그림을 찬찬히 본 후, 큰 소리로 단어를 따라 읽어보세요.

082

1 cloud 구름 	

1 cloud 구름

2 fog 안개

3 heat 열, 더위

4 wind 바람

5 rain 비

6 snow 눈

7 rainbow 무지개

8 season 계절

9 warm 따뜻한

10 cool 시원한

11 storm 폭풍

12 weather 날씨

Step 1

그림을 보고 보기에서 알맞은 단어를 골라 쓰세요.

보기

| rain | fog | cloud | wind | snow | heat |

c _____

다음 단어를 읽고 빈칸에 알맞은 우리말 뜻을 쓰세요.

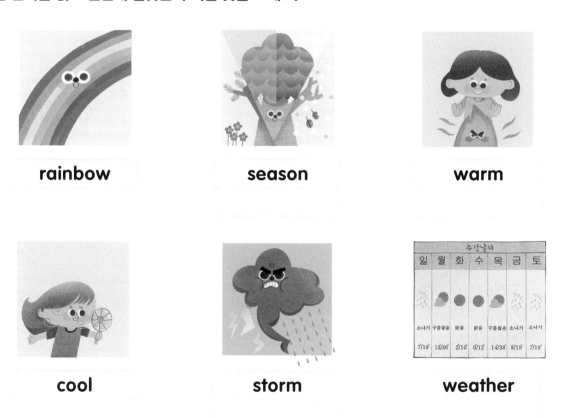

rainbow

season

warm

cool

storm

weather

Step 2

단어를 듣고 소리 내어 읽으며 세 번씩 따라 써보세요.   083

cloud
_____ _____ _____

_____ _____ _____

_____ _____ _____

_____ _____ _____

_____ _____ _____

_____ _____ _____

퍼즐 조각을 맞추어 단어를 완성한 후, 단어 소리를 들으며 두 번씩 써보세요.   084

rain	•	•	ther	날씨	_____ _____
sea	•	•	rm	폭풍	_____ _____
sto	•	•	bow	무지개	r _____ _____
war	•	•	son	계절	_____ _____
wea	•	•	ol	시원한	_____ _____
co	•	•	m	따뜻한	_____ _____

Step 3

보기 중에 알맞은 단어를 골라 그림에 맞게 영어로 써보세요.

보기

안개

비

열, 더위

바람

눈

구름

c _____

r _____

h _____

w _____

f _____

s _____

주어진 알파벳 철자의 순서를 바꿔서 단어를 완성하세요.

r b a o i w n   r_____

e a s n s o   s_____

r a w m   w_____

o l o c   c_____

s o t m r   s_____

r e a w h t e   w_____

그림에 맞는 단어를 적어보세요.

_____ _____ _____ _____ _____ _____

r_____ s_____ w_____ c_____ s_____ w_____

단어 이야기

날씨가 다양한 만큼 날씨를 표현하는 단어들도 다양하죠? 그래서 일상생활에서는 지금 배운 단어보다 훨씬 더 자세한 표현이 쓰인답니다. '추위'에 관련한 단어도 어떻게 느끼는가에 따라 시원한 가을 같은 느낌은 **cool**[쿨], 쌀쌀한 날은 **chilly**[칠리], 보통 말하는 추운 걸 나타낼 때는 **cold**[콜드], 정말 꽁꽁 얼어버릴 만큼 상당히 추울 땐 **freezing**[프리징]이라는 단어를 쓴답니다.

cool　　　　**chilly**　　　　**cold**　　　　**freezing**

085

✚Plus page 7

일기예보에 쓰는 표현을 알아보아요. Weather Forecast

raining
비가 오는

windy
바람이 부는

snowing
눈이 오는

sunny
햇살이 내리쬐는

cloudy
구름이 잔뜩 낀

재난 disaster

volcano
화산

typhoon
태풍

earthquake
지진

fine dust
미세먼지

Size of fine dust
미세먼지의 크기

머리카락

Ultrafine dust
초미세먼지

Fine dust
미세먼지

모래알

오늘의 날씨를 그림으로 그리고
영어로 써보세요.

6개 대륙 이름

1 **Asia** 아시아　2 **Africa** 아프리카
3 **South America** 남아메리카
4 **North America** 북아메리카
5 **Europe** 유럽　6 **Oceania** 오세아니아

나라 이름

7 **Korea** 한국　8 **the U.S** 미국
9 **Japan** 일본　10 **China** 중국
11 **the U.K.** 영국　12 **England** 잉글랜드
13 **France** 프랑스　14 **Mexico** 멕시코
15 **Italy** 이탈리아　16 **India** 인도
17 **Belgium** 벨기에　18 **Russia** 러시아
19 **Egypt** 이집트　20 **Canada** 캐나다
21 **Kenya** 케냐　22 **Australia** 호주
23 **Brazil** 브라질
24 **Liberia** 라이베리아
25 **Vietnam** 베트남

세계 유물

26 **pyramid** 피라미드
27 **the Great Wall of China** 만리장성
28 **the Eiffel Tower** 에펠탑
29 **the Golden Gate Bridge** 금문교

사람

30 **Chinese** 중국 사람
31 **Spanish** 스페인 사람
32 **Korean** 한국 사람

세계를 탐험하기

Exploring the World

Farm Animals

농장에서 볼 수 있는 동물들에 대해 알아보아요.

그림을 찬찬히 본 후, 큰 소리로 단어를 따라 읽어보세요.

087

1 horse 말 	**2 rabbit** 토끼 

3 cat 고양이

4 duck 오리

5 cow 암소

6 frog 개구리

7 dog 개

8 pig 돼지

9 chicken 닭

10 sheep 양

11 bee 벌

12 deer 사슴

그림을 보고 맞는 철자의 단어를 골라 동그라미 한 후, 우리말 뜻을 쓰세요.

horse   hors

rabit   rabbit

cat   kat

duck   duk

caw   cow

frog   frag

dug   dog

pig   peeg

chikin   chicken

sheep   ship

be   bee

dear   deer

단어를 듣고 소리 내어 읽으며 세 번씩 따라 써보세요.

088

horse

그림에 맞는 단어를 찾아 연결해보세요. 단어 소리를 들으며 두번씩 써보세요.

089

deer

sheep

dog

d

chicken

bee

pig

보기 중에 알맞은 단어를 골라 그림에 맞게 영어로 써보세요.

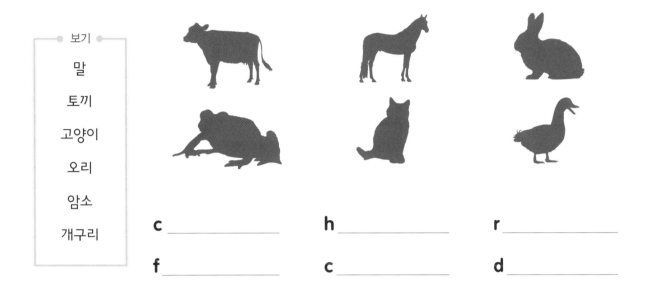

보기

말
토끼
고양이
오리
암소
개구리

c _____   h _____   r _____

f _____   c _____   d _____

우리말 뜻에 맞는 낱말을 찾아 써보세요.

s o s h e e p b p i g z b e e a d o g q x c h i c k e n r d e e r

개   양

_____   _____

돼지   벌

_____   _____

닭   사슴

_____   _____

그림에 맞는 단어를 적어보세요.

1	2	3	4	5	6

_____ _____ _____ _____ _____ _____

7	8	9	10	11	12

d_____ p_____ c_____ s_____ b_____ d_____

단어 이야기

농장에는 주로 온순하고 작은 동물들이 살아요. 농장 동물들은 사람하고 가까이 살고, 나름의 쓰임이 있는 만큼 더 자세하게 나누어 부르는 이름도 많답니다. 보통 닭을 **chicken**이라고 부르지만 암탉은 **hen**[헨], 수탉은 **rooster**[루스터]나 **cock**[칵]이라고 불러요. 양은 **sheep**이지만 특별히 어린 양은 **lamb**[램] 이라고 하지요. **cow**는 암소예요. 수소는 **bull**[불]이나 **ox**[악스]라고 하지요. 송아지는 **calf**[캐프]라고 해요. 집토끼는 **rabbit**이라고 하지만 주로 산에 사는 큰 토끼들은 **hare**[헤어]라고 한답니다. 영화 '주토 피아'에 나오는 경찰관 주디는 **rabbit**이에요.

rabbit   hare

090

+Plus page 1

요일을 나타내는 단어를 알아보아요. Days of the Week

Sun	Mon	Tue	Wed	Thu	Fri	Sat
28	29	30	31	1	2	3
4	5	6	7	8	9	10
11	12	13	14	15	16	17
18	19	20	21	22	23	24
25	26	27	28	29	30	31

Sunday 일요일
Monday 월요일
Tuesday 화요일
Wednesday 수요일
Thursday 목요일
Friday 금요일
Saturday 토요일

* 요일을 나타내는 단어들은 문장 어디에 있든 상관없이 항상 대문자로 시작합니다. 주의하세요!

* 다음의 빈칸을 채워보세요.

days of the week		목요일	
월요일	Monday	금요일	
화요일		토요일	
수요일		일요일	

Nature

자연에 관련한 단어들을 알아보아요.

그림을 찬찬히 본 후, 큰 소리로 단어를 따라 읽어보세요.

091

나뭇잎이 한 개 이상 있을 때는 leaves라고 해요

1 **branch** 나뭇가지

2 **flower** 꽃

3 **leaf** 나뭇잎

4 **forest** 숲

5 **mountain** 산

6 **river** 강

7 **grow** 자라다

8 **plant** 심다

9 **pick** 따다

10 **garden** 정원

11 **rock** 바위

12 **grass** 풀, 잔디

 Step 1

그림을 보고 보기에서 알맞은 단어를 골라 쓰세요.

보기

river   branch   leaf   mountain   forest   flower

b _____

그림에 맞는 단어에 동그라미 하세요.

grow
rock
pick

branch
plant
river

grass
forest
pick

mountain
garden
rock

rock
pick
forest

river
flower
grass

Step 2

단어를 듣고 소리 내어 읽으며 세 번씩 따라 써보세요.

branch

_____ _____ _____

_____ _____ _____

_____ _____ _____

_____ _____ _____

_____ _____ _____

_____ _____ _____

그림에 맞는 단어를 찾아 연결해보세요. 단어 소리를 들으며 두 번씩 써보세요.

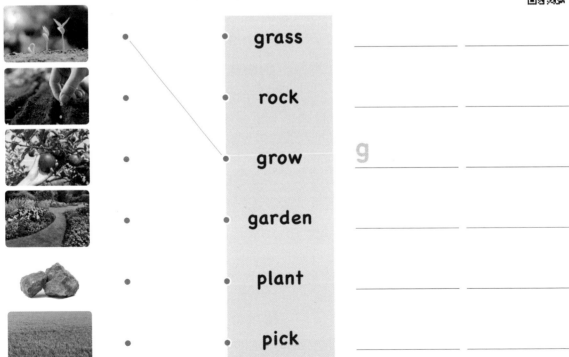

grass   _____ _____

rock   _____ _____

grow   g_____ _____

garden   _____ _____

plant   _____ _____

pick   _____ _____

Step 3

보기 중에 알맞은 단어를 골라 그림에 맞게 영어로 써보세요

보기
꽃   잎   강   숲   나뭇가지   산

f _____   b _____   l _____

m _____   f _____   r _____

우리말에 맞는 영어 낱말을 퍼즐에서 찾아 동그라미 한 후 단어를 써보세요.

자라다

_____

심다

_____

따다

_____

g	r	a	s	s	g	h	p	a	d	j
n	k	e	g	r	o	w	z	y	q	i
p	a	p	l	a	n	t	h	k	z	x
o	y	r	o	c	k	e	t	f	i	v
k	g	a	r	d	e	n	a	i	t	a
p	c	u	r	i	o	u	p	i	c	k

정원

_____

바위

_____

잔디

_____

연습문제

그림에 맞는 단어를 적어보세요.

g_____   p_____   p_____   g_____   r_____   g_____

단어 이야기

이전에 계절 **season**이라는 단어를 배웠죠? 사계절은 **four seasons**라고 해요. 이제 봄, 여름, 가을, 겨울을 배워볼 차례예요. 여러분은 어느 계절을 제일 좋아하나요?

summer 여름 —————

fall (=autumn) 가을

spring 봄 —————

winter 겨울

+Plus page 2

094

집과 관련된 단어를 알아보아요. More about a House

wood house
나무 집

brick house
벽돌 집

straw house
짚으로 만든 집

ceiling 천장

wall 벽

floor 바닥

roof 지붕

door 현관

yard 마당

gate 대문

History

역사나 옛날이야기에 등장하는 단어를 알아보아요.

그림을 찬찬히 본 후, 큰 소리로 단어를 따라 읽어보세요.

095

1 **king** 왕

2 **queen** 여왕, 왕비

3 **prince** 왕자

4 **princess** 공주
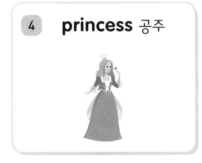

5 **gentleman** 신사

6 **lady** 숙녀

7 **palace** 궁전

8 **nation** 국가

9 **crown** 왕관

10 **world** 세계

11 **castle** 성

12 **traditional** 전통적인

Step 1

그림을 보고 보기에서 알맞은 단어를 골라 쓰세요.

보기

| lady | prince | king | queen | gentleman | princess |

k_____   _____   _____   _____   _____   _____

그림에 맞는 단어에 동그라미 하세요..

palace
nation

queen
nation

crown
castle

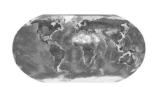

world
lady

king
castle

traditional
lady

Step 2

단어를 듣고 소리 내어 읽으며 세 번씩 따라 써보세요.

096

king

_____   _____   _____

_____   _____   _____

_____   _____   _____

_____   _____   _____

_____   _____   _____

_____   _____   _____

퍼즐 조각을 맞추어 단어를 완성한 후, 단어 소리를 들으며 두 번씩 써보세요.

097

cro	•	•	ld	세계	_____ _____
pala	•	•	wn	왕관	_____ _____
tradi	•	•	stle	성	c _____ _____
ca	•	•	ce	궁전	_____ _____
wor	•	•	tional	전통적인	_____ _____
na	•	•	tion	국가	_____ _____

보기 중에 알맞은 단어를 골라 그림에 맞게 영어로 써보세요.

보기

| 왕 |
| 신사 |
| 공주 |
| 왕비 |
| 왕자 |
| 숙녀 |

k _____

g _____

p _____

q _____

l _____

p _____

주어진 알파벳 철자의 순서를 바꿔서 단어를 완성하세요.

l a p a c e   p _____

n t a n i o   n _____

c w n r o   c _____

o w l d r   w _____

c s t a e l   c _____

t r a l a di on t i t _____

그림에 맞는 단어를 적어보세요.

1 _____ 2 _____ 3 _____ 4 _____ 5 _____ 6 _____

7 p_____ 8 n_____ 9 c_____ 10 w_____ 11 c_____ 12 t_____

단어 이야기

영어로 옛날이야기나 역사, 사회 관련한 지문을 읽게 되면 **king**이나 **queen** 같은 왕족들의 이야기가 빠지지 않죠. 왕이 사는 궁전은 **palace**라고 해요. 왕이 살고 있기 때문에 대체로 나라의 수도나 큰 도시에 있지요. 엄청나게 화려하고요. 비슷하게 생겼지만 **castle**은 성이라고 해요. 주로 지방에서 귀족들이 살던 곳이에요. 전투에 대비해 지은 곳이기 때문에 높은 탑이나 성 주변을 빙 둘러 파 놓은 연못이 있는 경우가 많아요.

또 하나 헷갈리는 단어는 **nation**이에요. **country**(나라)와 같은 뜻으로 아는 경우가 많지만 **country**는 보통 땅을 기준으로 한 구분, 즉 '나라'에 가깝고요, **nation**은 문화, 전통, 역사까지 포함하는 '국가'의 뜻을 가지고 있답니다. 여러분이 한 번쯤 들어봤을 **UN**(국제연합)은 국가들의 연합, 즉 **United Nations**의 줄임말이랍니다.

+Plus page 3

098

일 년 열두 달의 이름을 영어로 알아보아요. 12 Months of the Year

빈칸에 1월부터 12월까지 단어를 따라 써보세요.

winter	January	1월	January
	February	2월	
spring	March	3월	
	April	4월	
	May	5월	
summer	June	6월	
	July	7월	
	August	8월	
fall	September	9월	
	October	10월	
	November	11월	
winter	December	12월	

Space

우주에 관한 단어를 알아보아요.

그림을 찬찬히 본 후, 큰 소리로 단어를 따라 읽어보세요.

099

1 **spaceship** 우주선	2 **alien** 외계인	3 **star** 별
4 **moon** 달	5 **Earth** 지구	6 **planet** 행성
7 **Sun** 태양	8 **flag** 깃발	9 **space** 우주
10 **helmet** 헬멧	11 **astronaut** 우주비행사	12 **rocket** 로켓

 # Step 1

그림을 보고 맞는 철자의 단어를 골라 동그라미 한 후, 우리말 뜻을 쓰세요.

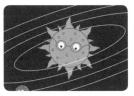

Sun   son

Earth   Erth

speice   space

star   sta

spacesip   spaceship

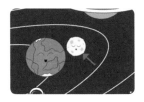

planet   planit

moon   mon

plag   flag

astronaut   astronat

helmet   hermet

alien   ailen

rocket   roket

단어를 듣고 소리 내어 읽으며 세 번씩 따라 써보세요.

100

Sun

_____ _____ _____

_____ _____ _____

_____ _____ _____

_____ _____ _____

_____ _____ _____

_____ _____ _____

그림에 맞는 단어를 찾아 연결해보세요. 단어 소리를 들으며 두번씩 써보세요.

101

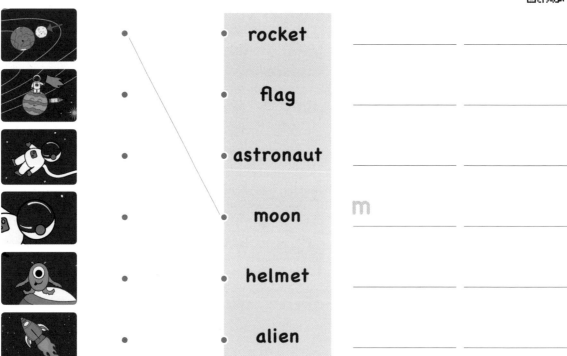

rocket   _____ _____

flag   _____ _____

astronaut   _____ _____

moon   m   _____ _____

helmet   _____ _____

alien   _____ _____

Step 3

빈칸에 알맞은 단어를 영어로 써보세요

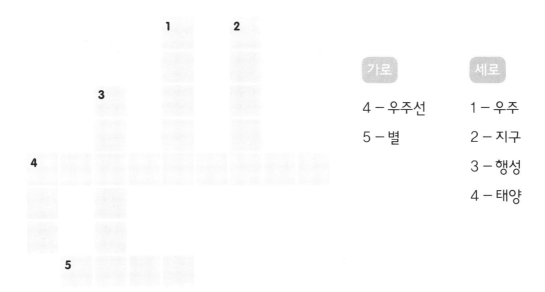

	1		2

가로

4 – 우주선
5 – 별

세로

1 – 우주
2 – 지구
3 – 행성
4 – 태양

그림에 맞는 단어가 되도록 필요 없는 글자들에 X표를 한 후, 단어를 써보세요

mo~~o~~on

moon

hellmeto

afloag

ailien

astrounaut

roockcet

연습문제

그림에 맞는 단어를 적어보세요.

_____

m_____ f_____ a_____ h_____ a_____ r_____

단어 이야기

우주 이야기는 조금 어려운가요? 우주에는 스스로 빛을 내는 **star**(항성)과 그 별 주위를 돌며 에너지를 얻는 **planet**(행성)이 있어요. 우리가 아는 **Sun**은 바로 별, 항성이고요, **Earth**(지구)나 화성, 목성, 금성 이런 것들은 행성이랍니다. 지구가 스스로 빛을 낸다면 너무 뜨거워서 우리가 살 수 없겠죠?

Sun이나 **Earth**가 이렇게 태양계의 한 가족으로 이야기될 때는 대문자로 시작해요. 이름이니까요. 하지만 햇빛이라는 의미일 때 **sun**은 보통 다른 단어들처럼 소문자로 시작하죠. **Earth**도 우리가 사는 '땅'이라는 의미일 때는 **earth**라고 씁니다.

우리 친구들이 헷갈리기 쉬운 또 한 가지는 **spaceship**과 **rocket**이에요. 보통은 혼동하여 함께 쓰기도 하지만 **spaceship**(우주선)은 우주에서 사람들이 살 목적으로 만들어진 거예요. 반면에 **rocket**은 우주선이나 인공위성을 쏘아 올리는 발사체를 말하죠. 엄청난 불과 연기를 뿜으며 올라가는 것은? 맞아요. 로켓이에요. 그 로켓의 등에 우주선이 업혀 있기도 한 것이죠.

rocket

spaceship

✚Plus page 4

우리가 살고 있는 태양계에 대해 알아보아요. **The Solar System**

태양계를 따라 그리고 색칠한 다음 이름을 써보세요.

Unit 5 School System

학년과 학교에 관한 단어를 알아보아요.

그림을 찬찬히 본 후, 큰 소리로 단어를 따라 읽어보세요.

1 **first** 첫 번째의	2 **second** 두 번째의	3 **third** 세 번째의

 | |

4 **fourth** 네 번째의	5 **fifth** 다섯 번째의	6 **sixth** 여섯 번째의

7 **grade** 학년

first grade 1학년
second grade 2학년
third grade 3학년
fourth grade 4학년
fifth grade 5학년
sixth grade 6학년

8 **kindergarten** 유치원

9 **elementary school** 초등학교

10 **middle school** 중학교

11 **high school** 고등학교

12 **university** 대학교

Step 1

그림을 보고 보기에서 알맞은 단어를 골라 쓰세요.

보기

fourth	first	third	fifth	sixth	second

f _____

다음 단어를 읽고 빈칸에 알맞은 우리말 뜻을 쓰세요.

first grade 1학년
second grade 2학년
third grade 3학년
fourth grade 4학년
fifth grade 5학년
sixth grade 6학년

grade

kindergarten

elementary school

middle school

high school

university

Step 2

단어를 듣고 소리 내어 읽으며 세 번씩 따라 써보세요.

104

first

그림에 맞는 단어를 찾아 연결해보세요. 단어 소리를 들으며 한 번씩 써보세요.

105

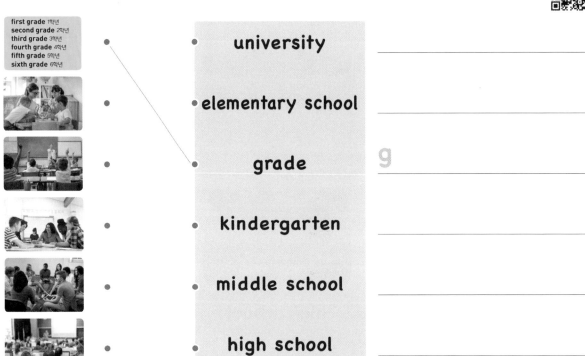

first grade 1학년
second grade 2학년
third grade 3학년
fourth grade 4학년
fifth grade 5학년
sixth grade 6학년

university

elementary school

grade

kindergarten

middle school

high school

Step 3

맨 앞과 맨 뒤 글자에 유의하여 알맞은 단어를 써보세요.

f	
	d
	h
f	
	d
s	

우리말 뜻에 맞는 영어 낱말을 퍼즐에서 찾아 동그라미 한 후 단어를 써보세요.

학년

_____

유치원

_____

초등학교

_____

school

a	g	r	a	d	e	i	n	e	d	j	a
f	l	y	o	c	h	i	g	h	q	i	p
k	i	n	d	e	r	g	a	r	t	e	n
o	y	a	m	i	d	d	l	e	i	p	o
k	u	n	i	v	e	r	s	i	t	y	x
e	l	e	m	e	n	t	a	r	y	a	o

중학교

_____

school

고등학교

_____

school

대학교

_____

연습문제

그림에 맞는 단어를 적어보세요.

1	2	3	4	5	6

_____ _____ _____ _____ _____ _____

7	8	9	10	11	12
first grade 1학년 **second grade** 2학년 **third grade** 3학년 **fourth grade** 4학년 **fifth grade** 5학년 **sixth grade** 6학년					

g_____ **k**_____ **e**_____ **m**_____ **h**_____ **u**_____
　　　　　　　　　　　　　　　school　**school**　**school**

단어 이야기

숫자를 말하는 방법은 참 다양해요. 우리말로도 하나, 둘, 셋 세기도 하지만 '첫 번째, 두 번째' 하고 말할 때도 있죠? 앞은 개수를 셀 때, 뒤는 순서를 나타낼 때 사용해요. 영어에도 똑같이 이런 표현이 있어요. 의미는 비슷하지만 생긴 모양새가 다른 경우가 많아 따로 외워주어야 해요.

이렇게 '~ 번째' 하는 순서를 나타내는 말은 어디에 쓰일까요? 이 단원에서 배운 것처럼 학년을 말할 때도 쓰이고요, 날짜를 말할 때도 쓰여요. 3월 1일하면 '**March first**'라고 말하는 거죠. 또 건물의 층수를 말할 때도 쓰여요. 1층은 '**one floor**'가 아니고 '**first floor**'랍니다. 이렇게 단어를 외울 때 어디에 쓰이는지 알고 외우면 훨씬 잘 외워지고 오래 기억된답니다.

+Plus page 5

106

순서를 나타내는 표현을 알아보아요. Ordinal Numbers

1	one		1st	first
2	two		2nd	second
3	three		3rd	third
4	four		4th	fourth
5	five		5th	fifth
6	six		6th	sixth
7	seven		7th	seventh
8	eight		8th	eighth
9	nine		9th	ninth
10	ten		10th	tenth
11	eleven		11th	eleventh
12	twelve		12th	twelfth
13	thirteen		13th	thirteenth
14	fourteen		14th	fourteenth
15	fifteen		15th	fifteenth
16	sixteen		16th	sixteenth
17	seventeen		17th	seventeenth
18	eighteen		18th	eighteenth
19	nineteen		19th	nineteenth
20	twenty		20th	twentieth
21	twenty-one		21st	twenty-first
22	twenty-two		22nd	twenty-second
23	twenty-three		23rd	twenty-third
24	twenty-four		24th	twenty-fourth
25	twenty-five		25th	twenty-fifth
26	twenty-six		26th	twenty-sixth
27	twenty-seven		27th	twenty-seventh
28	twenty-eight		28th	twenty-eighth
29	twenty-nine		29th	twenty-ninth
30	thirty		30th	thirtieth

* 일정하지는 않지만 규칙을 찾아볼까요? 일단 대부분의 경우 숫자 단어 끝에 **th**를 붙이면 '~번째'하는 순서 단어가 돼요. 빨간색 단어들은 완전한 예외 단어들이고요, **ninth** 같은 경우는 **nine**의 **e**가 빠지게 되죠. 천천히 들여다보고 규칙을 기억하세요.

Wild Life

야생 동물에 대해 알아보아요.

그림을 찬찬히 본 후, 큰 소리로 단어를 따라 읽어보세요.

107

1 **monkey** 원숭이	2 **elephant** 코끼리	3 **lion** 사자

4 **zebra** 얼룩말	5 **giraffe** 기린	6 **hippo** 하마

7 **snake** 뱀	8 **panda** 팬더	9 **penguin** 펭귄

10 **whale** 고래	11 **shark** 상어	12 **dolphin** 돌고래

Step 1

단어에 맞는 그림을 골라 빈칸에 번호를 쓰세요.

monkey _____   elephant _____   lion _____

zebra _____   giraffe _____   hippo _____

그림을 보고 맞는 단어에 동그라미 하세요.

snake   hippo   monkey   panda   penguin   zebra

whale   shark   dolphin   shark   dolphin   whale

 **Step 2**

단어를 듣고 소리 내어 읽으며 세 번씩 따라 써보세요.

108

monkey

그림에 맞는 단어를 찾아 연결해보세요. 단어 소리를 들으며 두 번씩 써보세요.
109

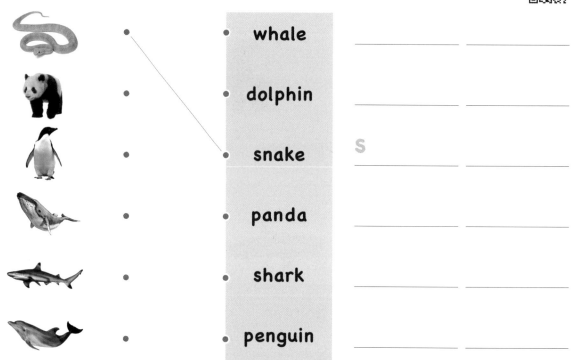

whale

dolphin

snake

panda

shark

penguin

Step 3

보기 중에 알맞은 단어를 골라 그림에 맞게 영어로 써보세요.

보기

얼룩말

원숭이

기린

코끼리

하마

사자

m _____   l _____   e _____

g _____   z _____   h _____

우리말 뜻에 맞는 낱말을 찾아 써보세요.

sxsnakersharkepenguinwewhalezdolphinupandas

뱀

_____

팬더

_____

펭귄

_____

고래

_____

상어

_____

돌고래

_____

연습문제

그림에 맞는 단어를 적어보세요.

1 	2	3 	4	5	6 

_____ _____ _____ _____ _____ _____

7 	8 	9 	10 	11	12 

s_____ p_____ p_____ w_____ s_____ d_____

단어 이야기

야생에 사는 동물들을 공부했어요. 반가운 얼굴들이 많았죠? 영화 '마다가스카(**Madagascar**)'를 본 친구들이라면, 알렉스**lion**, 글로리아**hippo**, 맬빈**giraffe**, 마티**zebra**가 다 모여 있는 걸 알았을 거예요. 귀염둥이 펭귄**penguin**도 빠질 수 없고요. 영화 '라이온 킹(**The Lion King**)'에는 심바를 비롯해서 사자**lion**들이 많이 나오죠. 수다쟁이 티몬은 **meerkat**미어캣 이에요. 영화를 볼 때 동물들의 영어 이름도 함께 알아 두면 좋겠죠?

동물 중에는 비슷해 보여서 같은 종류인 줄 알고 있지만 사실은 그렇지 않은 경우가 많아요. 예를 들어, '라이온 킹'의 원숭이 할아버지 라피키는 **monkey**예요. 하지만 '큐리어스 조지(**Curious George**)'의 장난꾸러기 주인공은 **monkey**가 아닌 **ape**(유인원)랍니다. **monkey**와는 달리 꼬리가 없지요. 미국 초등학교에서는 이런 비교 수업을 참 많이 해요. **monkey vs. ape**, **insect vs. spider**(곤충 대 거미), **shark vs. whale** 등 비교하면서 지식도 알고 영어도 배울 수 있도록 우리 친구들도 관심을 갖길 바라요~

✚Plus page 6

공룡에 대해 알아보아요. Dinosaurs

다음 점선을 따라 공룡을 완성하세요.

plant-eating dinosaurs
초식공룡

meat-eating dinosaurs
육식공룡

Unit 7 Figures and Numbers

도형과 수에 대해 알아보아요.

그림을 찬찬히 본 후, 큰 소리로 단어를 따라 읽어보세요.

111

1 **circle** 원, 동그라미

2 **triangle** 삼각형, 세모

3 **square** 정사각형, 네모

4 **double** 두 배의

5 **won** 원

6 **dollar** 달러

7 **hundred** 백

8 **thousand** 천

9 **million** 백만

10 **weight** 몸무게

11 **height** 키

12 **divide** 나누다

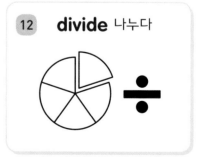

그림을 보고 보기에서 알맞은 단어를 골라 쓰세요.

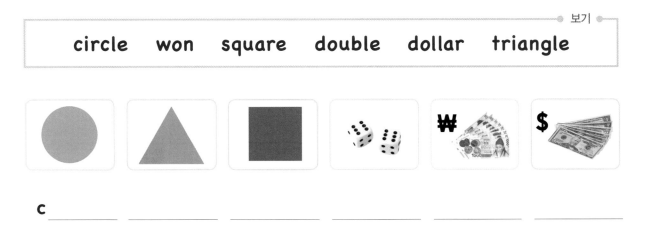

보기

circle won square double dollar triangle

c _____ _____ _____ _____ _____ _____

다음 단어를 읽고 빈칸에 알맞은 우리말 뜻을 쓰세요.

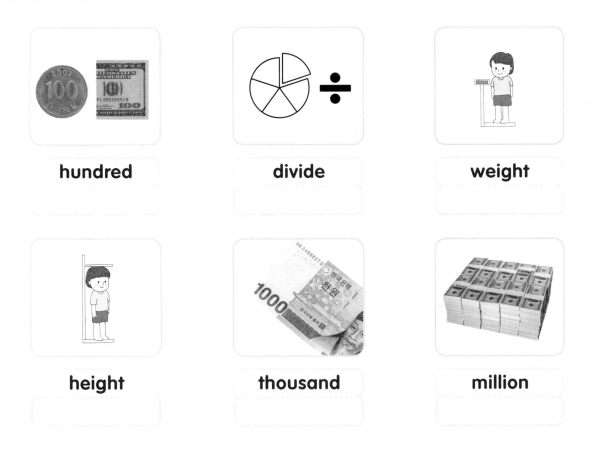

hundred

divide

weight

height

thousand

million

 **Step 2**

단어를 듣고 소리 내어 읽으며 세 번씩 따라 써보세요.   112

circle

_____   _____   _____

_____   _____   _____

_____   _____   _____

_____   _____   _____

_____   _____   _____

_____   _____   _____

퍼즐 조각을 맞추어 단어를 완성한 후, 단어 소리를 들으며 두 번씩 써보세요.   113

hund •	• sand	천	_____ _____
thou •	• ght	몸무게	_____ _____
mil •	• red	백	h_____ _____
wei •	• ight	키	_____ _____
he •	• lion	백만	_____ _____
divi •	• de	나누다	_____ _____

Step 3

빈칸에 알맞은 단어를 영어로 써보세요.

1

2

가로	세로
3 – 달러($)	1 – 동그라미, 원
5 – 세모, 삼각형	2 – 네모, 사각형
	3 – 두 배의
	4 – 원(₩)

3

4

5

주어진 알파벳 철자의 순서를 바꿔서 단어를 완성하세요.

  n d h u e r d   h _____

  th a ou s d n   t _____

  l l n o m i i   m _____

  w i g t e h   w _____

  e h i g t h   h _____

⊘ ÷ d i i d e v   d _____

그림에 맞는 단어를 적어보세요.

1	2	3	4	5	6

_____ _____ _____ _____ _____ _____

7	8	9	10	11	12

h_____ t_____ m_____ w_____ h_____ d_____

단어 이야기

'백, 천, 만' 같은 큰 숫자들은 물건의 가격을 말할 때 쓰여요. 학교에서 하는 **flea market**(벼룩시장)에서 물건을 살 때 아주 유용하죠. 발음하기 조금 어렵지만 꼭 기억해두세요.

우리나라는 돈의 단위가 '원'이고 미국은 '달러'예요. 만일 벼룩시장을 달러 기준으로 한다면 1달러가 약 1,200원 정도 한다는 걸 알아 두세요. 5달러짜리 물건이 있다면 대략 6,000원 정도이니 5달러만 보고 너무 싸다고 생각하면 안 된답니다. 6천 원은 **six thousand won**이에요. 그럼 만 원은 뭐라고 할까요? 숫자를 잘 보세요. 보통 숫자를 쓸 때 뒤에서부터 세 번째 자리 다음에 쉼표를 찍는데요, 그 자리를 **thousand**라고 생각하면 된답니다.

1,000	**a thousand won** (천 원)
10,000	**ten thousand won** (만 원)
100,000	**one hundred thousand won** (십만 원)

114

+Plus page 7

크기와 횟수를 표현하는 방법을 알아보아요. Size and Number of Times

Large   Medium   Small

물건을 살 때 종종 **size**(크기)를 묻는 경우가 많아요. 그래서 사이즈라는 말은 이미 우리말처럼 생활 속에서 많이 쓰이죠. **small**(소), **medium**(중), **large**(대)를 줄여서 **S, M, L**로 표시하기도 해요. 여러분이나 가족들 옷의 목 안쪽 부분을 보면 이런 글자가 쓰여 있는 경우가 있을 거예요. 음료나 다른 물건을 살 때도 자주 쓰이는 표현이니 기억해주세요.

횟수를 묻는 말도 의외로 자주 써요. 과일을 얼마나 자주 먹니? 방과 후 수업은 일주일에 몇 번 가니? 동생이랑은 얼마나 자주 싸우니? 질문에 대답할 수 있어야겠죠? 간단한 공식을 알려드릴게요. 순서를 잘 보세요. 우리말과 반대예요.

일주일에 한 번	**once a week** 한 번 / 일주일에	횟수를 앞에, 기준이 되는 기간을 뒤에 써주면 돼요.
일주일에 두 번	**twice a week**	
일주일에 세 번	**three times a week**	한 번, 두 번을 빼고 세 번부터는 규칙을 따라요.
일주일에 네 번	**four times a week**	숫자 뒤에 **times**를 붙여주면 됩니다.
일주일에 다섯 번	**five times a week**	
하루에 세 번	**three times a day**	
일주일에 세 번	**three times a week**	
한 달에 세 번	**three times a month**	

115

전쟁 War

1. **battle** 전투
2. **break** 부수다
3. **bomb** 폭탄
4. **burn** 태우다
5. **dead** 죽은
6. **death** 죽음
7. **die** 죽다
8. **fire** 불
9. **god** 신
10. **heaven** 천국
11. **ghost** 유령
12. **giant** 거인
13. **kill** 죽이다
14. **blood** 피
15. **peace** 평화
16. **war** 전쟁
17. **angel** 천사
18. **ocean/land** 바다/육지
19. **hurry** 서두르다
20. **hang** 매달다
21. **shock** 충격
22. **deep** 깊은
23. **run** 달리다

Part 5

필수 단어 익히기

Learning Essential Words

Location Words

위치를 나타내는 말을 알아보아요.

그림을 찬찬히 본 후, 큰 소리로 단어를 따라 읽어보세요.

116

1 ～속에　**2** ～ 위에　**3** ～ 아래에

4 ～보다 위에　**5** ～ 아래

6 가까운　　**7** 먼

8 위로　**9** 아래로

10 안으로　**11** 밖으로

12 안쪽　　**13** 바깥쪽

1 **in** ～ 속에　　**2** **on** ～ 위에　　**3** **under** ～ 아래에

4 **above** ～보다 위에　　**5** **below** ～ 아래　　**6** **near** 가까운

7 **far** 먼　　**8** **up** 위로　　**9** **down** 아래로　　**10** **into** 안으로

11 **out** 밖으로　　**12** **inside** 안쪽　　**13** **outside** 바깥쪽

Step 1

철자에 주의하여 맞는 단어를 골라 동그라미 하세요.

| in | on | under | above | below | near | far |

| up | down | into | out | inside | outside |

| in | on | under | above | below | near | far |

| up | down | into | out | inside | outside |

단어를 듣고 소리 내어 읽으며 세 번씩 따라 써보세요.　117

in

그림에 맞는 단어를 찾아 연결해보세요. 단어 소리를 들으며 두 번씩 써보세요.　118

into

out

up

u

down

inside

outside

Step 3

보기 중에 알맞은 단어를 골라 빈칸에 써보세요.

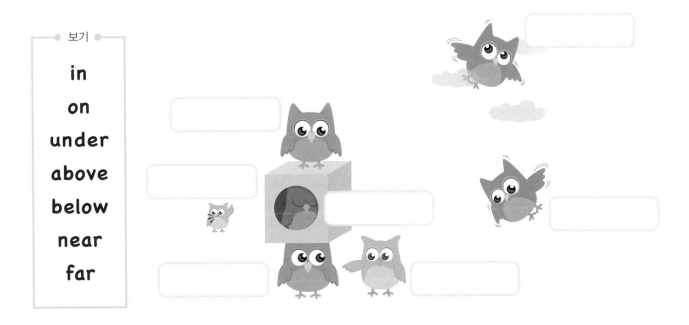

보기

in
on
under
above
below
near
far

주어진 알파벳 철자의 순서를 바꿔서 단어를 완성하세요.

p u   u_____

d w o n   d_____

i o n t   i_____

o t u   o_____

i e n i s d   i_____

o u s t i e d   o_____

연습문제

그림에 맞는 단어를 적어보세요.

1	2	3	4	5	6	7

_____ _____ _____ _____ _____ _____ _____

7	8	9	10	11	12

u_____ d_____ i_____ o_____ i_____ o_____

단어 이야기

위치를 나타내는 말을 잘 사용하면 구체적으로 정확하게 설명할 수가 있어요. 이러기 위해 헷갈리는 표현 몇 가지를 설명해 볼까요? '**on, above, over**' 모두 우리말 뜻은 '〜 위에'예요. 하지만 사용하는 곳은 조금씩 달라요. 먼저 **on**은 무언가의 물건 위에 딱 붙어서 놓여 있을 때 주로 많이 써요. **on the desk**(책상 위에)처럼요. **above**는 위는 위지만 **on**처럼 딱 붙어 있기보다는 공중에 떠 있을 때 많이 쓰죠. 두 가지를 비교하여 어떤 것이 더 위에 있을 때도 쓰여요. 친구네가 우리 집 위층에 산다면 **above**를 쓰는 것이죠. **over**는 더 높이 위를 말하거나 어떤 물건을 완전히 덮는 느낌의 '〜 위에'일 때 써요. '**over the rainbow**(무지개 넘어)'나 비행기를 타고 '공원 위를 날다'할 때 '**over the park**' 로, '이불로 나를 덮다' 할 때 **over me**로 쓰이는 것이죠.

이런 단어들은 일부러 외운다기보다는 미리 알고 다양한 문장 속에서 만날 때 눈여겨 보면 익힐 수 있으니 너무 어려워하지 않아도 돼요.

119

+Plus page 1

길을 물을 때 유용한 단어를 알아보아요. Words for Asking Directtions

next to
～의 옆에

in front of
～의 앞에

behind
～의 뒤에

between
～ 사이에

왼쪽
left

똑바로
straight

오른쪽
right

가로질러
across _____

～을 따라
along _____

Opposites 1

반대말끼리 단어를 배워요 1

그림을 찬찬히 본 후, 큰 소리로 단어를 따라 읽어보세요.

120

1 **big** 큰　　2 **small** 작은

3 **long** 긴　　4 **short** 짧은

5 **hard** 딱딱한　6 **soft** 부드러운

7 **fat** 뚱뚱한　8 **thin** 마른

9 **dry** 건조한, 마른　10 **wet** 젖은

11 **bottom** 맨 아래　12 **top** 맨 위(정상)

Step 1

그림을 보고 보기에서 알맞은 단어를 골라 쓰세요.

보기

| soft | big | small | short | hard | long |

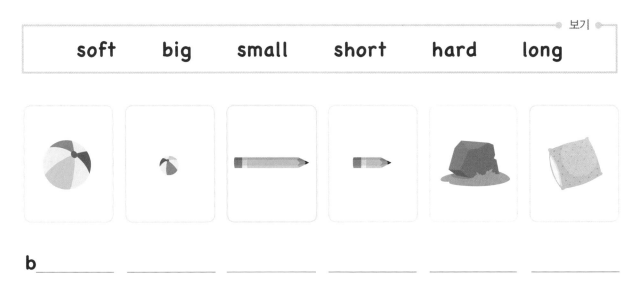

b_____   _____   _____   _____   _____   _____

그림에 맞는 단어에 동그라미 하세요.

fat   thin   hard   thin   dry   long

wet   top   bottom   soft   big   top

단어를 듣고 소리 내어 읽으며 세 번씩 따라 써보세요.   121

big

_____   _____   _____

_____   _____   _____

_____   _____   _____

_____   _____   _____

_____   _____   _____

_____   _____   _____

그림에 맞는 단어를 찾아 연결해보세요. 단어 소리를 들으며 두 번씩 써보세요.   122

- bottom   _____   _____

- wet   _____   _____

- fat   f _____   _____

- dry   _____   _____

- top   _____   _____

- thin   _____   _____

Step 3

다음은 반대말입니다. 영어 단어와 우리말 뜻이 빠진 부분에 각각 알맞은 단어를 써보세요.

big 큰	_____ 작은
_____ 긴	_____ 짧은
_____ 딱딱한	**soft** _____

우리말 뜻에 맞는 낱말을 찾아 써보세요.

fatopdrymbottomgthinrwethatop

뚱뚱한

_____

건조한, 마른

_____

마른

_____

젖은

_____

맨 아래

_____

맨 위

_____

그림에 맞는 단어를 적어보세요.

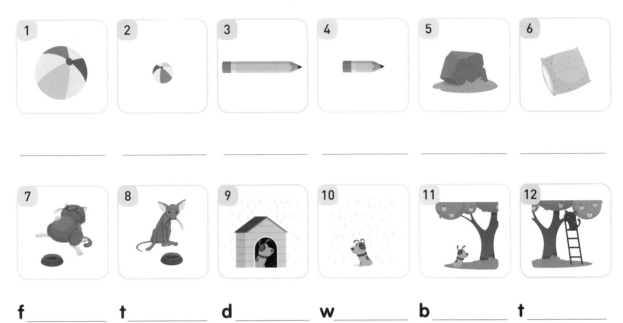

| 1 | 2 | 3 | 4 | 5 | 6 |

——————— ——————— ——————— ——————— ——————— ———————

| 7 | 8 | 9 | 10 | 11 | 12 |

f_____ t_____ d_____ w_____ b_____ t_____

단어 이야기

영어는 우리 일상생활에서 쓰는 말이 아니기 때문에 우리말을 배우듯 자연스럽게 알아가긴 힘이 듭니다. 그래서 이런저런 비법을 써서 외우면 좋은데요, 반대말을 이용해서 외우는 것도 아주 좋은 방법입니다. '큰'을 뜻하는 **big**을 외울 때, 반대말인 **small**을 함께 외우면 뜻도 명확히 할 수 있고, 한 번에 두 단어를 외울 수 있어 좋습니다. 학년이 올라가고 아는 단어가 많아지면 이렇게 반대말을 찾다가 아는 단어를 발견하기도 하겠죠? 그러면 훨씬 빨리 외워지고 단어 암기에 재미도 붙일 수 있게 됩니다. 예를 들어, '지루한'이라는 뜻의 **boring**[보링]을 외우려고 할 때, 반대말인 **interesting**[인터레스팅]을 알고 있다면 둘을 짝지어 오래 기억할 수 있게 되는 것입니다.

boring　　interesting

123

+Plus page 2

물건이 누구의 것인지 말하는 방법을 알아보아요. Possessive Pronouns

보통 '~의 것'이라고 물건이 누구 것인지 말할 때는 단어 끝에 **'s**를 붙여주면 돼요. **Tom**의 것은 **Tom's, Jane**의 것은 **Jane's**라고 하는 것이죠.

사람이나 사물을 이름 대신 부르는 말을 '대명사'라고 해요. 내 이름은 **Tom**이지만 '나 **(I)**' 라고도 하고, 엄마는 **mom**이지만, '그녀**(she)**'라고 할 때도 있으니까요. 그렇게 대명사를 이용해서 누구의 것인지 말하는 방법을 알아볼게요.

'이것은 나의 가방이야.'   **This is my bag.**
'이것은 내 것이야.'   **This is mine.**

나	I	나의	my	나의 것	mine
너	you	너의	your	너의 것	yours
너희	you	너희의	your	너희의 것	yours
그	he	그의	his	그의 것	his
그녀	she	그녀의	her	그녀의 것	hers
그것	it	그것의	its		
우리	we	우리의	our	우리들의 것	ours
그들	they	그들의	their	그들의 것	theirs

Opposites 2

반대말끼리 단어를 배워요 2

그림을 찬찬히 본 후, 큰 소리로 단어를 따라 읽어보세요.

 124

1 **strong** 힘 센   2 **weak** 약한

3 **rich** 부자인   4 **poor** 가난한

5 **fast** 빠른   6 **slow** 느린

7 **before** 전에   8 **after** 후에

9 **easy** 쉬운   10 **difficult** 어려운

11 **same** 똑같은   12 **different** 다른

Step 1

그림에 맞는 단어에 동그라미 하세요.

strong   weak   rich   poor   fast   slow

before   after   easy   difficult   same   different

strong   weak   rich   poor   fast   slow

before   after   easy   difficult   same   different

Step 2

단어를 듣고 소리 내어 읽으며 세 번씩 따라 써보세요.

125

strong

그림에 맞는 단어를 찾아 연결해보세요. 단어 소리를 들으며 두 번씩 써보세요.

126

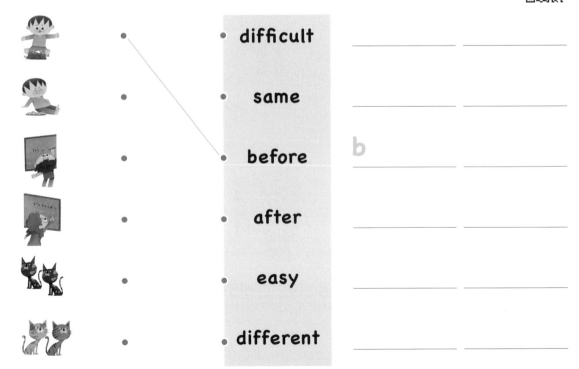

difficult

same

before

after

easy

different

b

Step 3

보기 중에 알맞은 단어를 골라 빈칸에 써보세요.

보기

strong
weak
fast
slow
poor
rich

s _____ w _____ p _____

r _____ s _____ f _____

주어진 알파벳 철자를 이용하여 단어를 완성하세요.

b e o f e r

f a e t r

a e s y

d f i f i u c l t

a s e m

e n e f i d f r t

연습문제

그림에 맞는 단어를 적어보세요.

1	2	3	4	5	6

_____ _____ _____

7	8	9	10	11	12

b_____ a_____ e_____ d_____ s_____ d_____

단어 이야기

반대말을 이용해서 단어를 많이 외웠지요? 어떤 단어들은 한 가지 뜻만 가지는 것이 아니라서 가끔은 반대말이 여러 가지일 수도 있습니다. 예를 들어 **old**가 '늙은'의 뜻일 때는 '젊은'이라는 뜻의 **young**이 반대말이지만, **old**가 '오래된'이라는 뜻으로 쓰일 때는 '새로운'이라는 뜻의 **new**가 반대말이 된답니다.

old   young

old

new

216 초등 영어를 결정하는 영단어

✚Plus page 3

비슷한 뜻을 가진 영어 단어들을 함께 외우면 머릿속에 효과적으로 단어를 저장하는 훈련도 되고, 미묘한 차이점이나 사용 방법을 짚어볼 수 있어서 좋아요.

many, much, a lot of: 모두 '많은'이라는 뜻이에요. 하지만 쓰이는 곳은 조금씩 다르답니다. many는 사과 🍎 나 사람 👫 등 셀 수 있는 단어와 함께 써요. **much**는 반대로 셀 수 없는 단어, 시간 ⏰이나 돈 💵 을 꾸미죠. (시간이나 돈은 셀 수 있는 것처럼 느껴지기도 하지만 분, 초, 시를 세거나 동전을 세는 것이지 그 자체를 셀 수 있는 것은 아니라서 영어에서는 셀 수 없는 단어로 분류된답니다.) **a lot of**는 모든 단어에 쓸 수 있는 착한 단어랍니다.

beautiful, pretty, cute, handsome: 모두 '예쁜', '잘생긴'의 뜻이에요. **handsome**은 주로 남자 👤 들에게 쓰고, **pretty**는 주로 여자 👤 들에게 쓰지만 기본적으로는 같은 의미이니 묶어서 외워 두면 좋아요. **beautiful**은 가장 넓게 쓰이는 단어로, 사람뿐 아니라 동물, 자연 등 모든 것에 쓸 수 있죠. **cute**도 어린아이 👶에게 쓰면 '귀여운'이라는 뜻이지만, 어른에게 쓰면 '잘생긴', '멋있는'의 뜻이에요.

smart, bright, brilliant, clever: 모두 '똑똑한'이라는 뜻으로 머리가 좋고, 아이디어가 반짝반짝한 사람들에게 씁니다. 다른 세 단어는 특별히 주의할 것은 없지만 **clever** 같은 경우는 어른에게 쓰면 약간 좋지 않은 느낌을 줄 수도 있어요. '교활한', '지나치게 머리를 쓰는'의 의미로 쓰이기도 하거든요. 이제부터 우리 **clever**는 여우 🦊에게만 쓰기로 해요.

great, important: 모두 '중요한'이라는 뜻이에요. 중요한 일이나 위대한 사람 등에 모두 쓸 수 있어요. 앞으로 자주 만나게 될 단어들이랍니다.

Opposites 3

반대말끼리 단어를 배워요 3

그림을 찬찬히 본 후, 큰 소리로 단어를 따라 읽어보세요.

127

1 hot 뜨거운 **2 cold** 찬

3 low 낮은 **4 high** 높은

5 front 앞쪽의 **6 back** 뒤쪽의

7 full 가득한 **8 empty** 비어 있는

9 dark 어두운 **10 bright** 밝은

11 cheap 싼 **12 expensive** 비싼

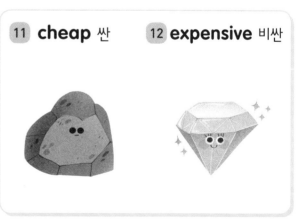

Step 1

그림을 보고 보기에서 알맞은 단어를 골라 쓰세요.

보기

| high | hot | front | cold | low | back |

h_____ _____ _____ _____ _____ _____

그림에 맞는 단어에 동그라미 하세요.

dark　full　　　empty　cold　　　dark　back

cheap　bright　　　hot　cheap　　　expensive　full

단어를 듣고 소리 내어 읽으며 세 번씩 따라 써보세요.

128

hot

_____

_____

_____

_____

_____

_____

그림에 맞는 단어를 찾아 연결해보세요. 단어 소리를 들으며 두 번씩 써보세요.

129

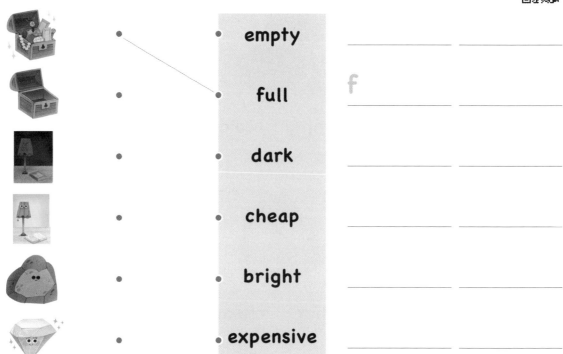

- empty
- full   f
- dark
- cheap
- bright
- expensive

Step 3

다음은 반대말입니다. 영어 단어와 우리말 뜻이 빠진 부분에 각각 알맞은 단어를 써보세요.

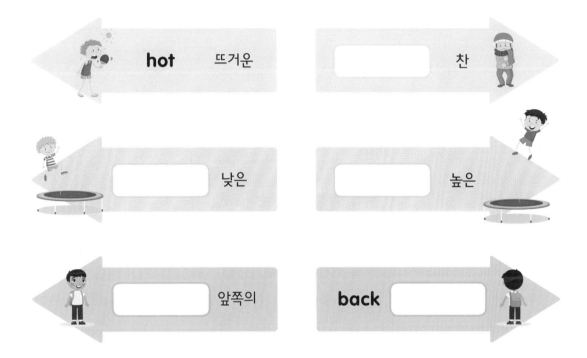

hot 뜨거운	찬
낮은	높은
앞쪽의	back

우리말 뜻에 맞는 낱말을 찾아 써보세요.

adarkdfullcemptygcheapaexpensivedbright

가득한

_____

어두운

_____

싼

_____

비어 있는

_____

밝은

_____

비싼

_____

연습문제

그림에 맞는 단어를 적어보세요.

1	2	3	4	5	6

_____ _____ _____ _____ _____ _____

7	8	9	10	11	12

f_____ e_____ d_____ b_____ c_____ e_____

단어 이야기

단어들은 우리에게 뜻을 전달하기 위해 저마다 역할을 맡고 있어요. 앞서 '명사'에 대해 들어보았지요? 명사는 사람, 사물, 장소를 뜻하는 단어예요. 여기에서는 이러한 명사를 꾸며주는 말에 대해 설명할게요. 꾸며주는 말은 형용사라고 하고요, 명사 앞이나 뒤에서 그 단어의 뜻을 구체적으로 만들어줘요. 아래의 **hot**과 **cold**가 바로 형용사예요. 얘들은 **water** 앞에 와서 물이 찬 물(**cold water**)인지 뜨거운 물(**hot water**)인지 구체적으로 설명해주는 역할을 하는 것이랍니다.

+Plus page 4

여러 가지 뜻을 가지고 있는 단어들을 알아보아요. **Multiple Meaning Words 1**

fall
가을
떨어지다

block
쌓기 블록
거리의 블록

present
선물
현재

grade
성적
학년

bright
빛이 밝은/
미래가 밝은
똑똑한

right
오른쪽
옳은

order
명령하다
주문하다

brush
붓/빗
솔질하다

space
공간
우주

move
움직이다
이사하다

watch
시계
지켜보다

plant
식물
심다

fan
선풍기
(연예인) 팬

back
등
뒤쪽의

Opposites 4

반대말끼리 단어를 배워요 4

그림을 찬찬히 본 후, 큰 소리로 단어를 따라 읽어보세요.

131

1 **push** 밀다　2 **pull** 당기다

3 **buy** 사다　4 **sell** 팔다

5 **sit** 앉다　6 **stand** 서다

7 **enter** 들어가다　8 **exit** 나가다

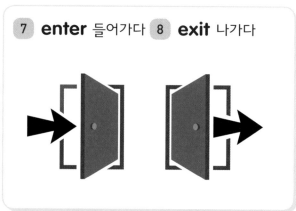

9 **open** 열다　10 **close** 닫다

11 **pass** 통과하다　12 **fail** (시험에) 떨어지다

Step 1

그림과 맞는 단어에 동그라미 하세요.

push   pull

sell   buy

sit   stand

enter   exit

open   close

pass   fail

pull   sit

pass   sell

stand   push

enter   buy

enter   close

pass   push

Step 2

단어를 듣고 소리 내어 읽으며 세 번씩 따라 써보세요.   132

push
_____ | _____ | _____

_____ | _____ | _____

_____ | _____ | _____

_____ | _____ | _____

_____ | _____ | _____

_____ | _____ | _____

퍼즐 조각을 맞추어 단어를 완성한 후, 단어 소리를 들으며 두 번씩 써보세요.   133

en	it	나가다	_____ _____
ex	ss	통과하다	_____ _____
op	ter	들어가다	e _____ _____
cl	en	열다	_____ _____
pa	il	(시험에) 떨어지다	_____ _____
fa	ose	닫다	_____ _____

Step 3

반대말을 찾아 연결하고 그림에 맞는 단어를 써보세요.

p＿＿＿＿＿＿

＿＿＿＿＿＿

＿＿＿＿＿＿

＿＿＿＿＿＿

＿＿＿＿＿＿

주어진 알파벳 철자를 이용하여 단어를 완성하세요.

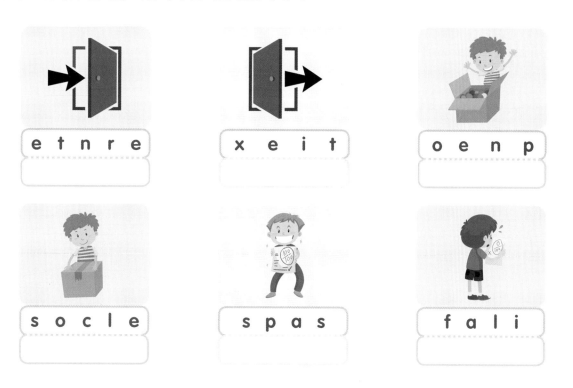

e t n r e

x e i t

o e n p

s o c l e

s p a s

f a l i

연습문제

그림에 맞는 단어를 적어보세요.

1	2	3	4	5	6

_____ _____ _____ _____ _____ _____

7	8	9	10	11	12

e_____ e_____ o_____ c_____ p_____ f_____

단어 이야기

우리는 일상생활에서 영어를 쓰는 나라가 아니기 때문에 영어 단어와 친해지기가 쉽지 않다고 생각할 수 도 있어요. 하지만 우리 주변을 둘러보면 의외로 영어 단어를 많이 발견할 수 있답니다. 이 책을 공부하면 서 이제 단어를 많이 알게 되었기 때문에 훨씬 더 잘 찾을 수 있을 거예요. 집안의 물건들, 가전제품이나 화장품, 과자봉지나 음료수 병에서처럼 영어는 어디에서나 찾을 수 있을 거예요. 일상생활에서 아는 영어 를 만나면 반가운 마음으로 한번 읽어 보고요, 모르는 영어를 만난다면 무슨 뜻인지 한번 찾아보세요. 그 렇게 찾은 영어 단어는 책에서 배운 것보다 훨씬 기억에 오래 남는답니다.

➕Plus page 5

영어 단어를 외우다 보면 우리말 뜻이 같은 단어들을 많이 만나게 될 거예요. **tell**도 '말하다'고 **talk**도 '말하다'고, **say**도 '말하다'고, **speak**도 '말하다'라니 이를 대체 어쩌면 좋을까요?

say, tell, talk, speak: 말하다

"진수가 오늘 놀러 가자고 말했어." **say**는 이야기하는 내용에 초점

"진수가 오늘 놀러 가자고 나한테 말했어." **tell**은 누구에게 이야기하는지에 초점

"진수가 친구랑 말하고 있어." **talk**는 이야기가 오고 가는 상황에 초점

"진수는 영어를 말할 수 있어." **speak**는 언어를 말하거나 연설처럼 일방적으로 얘기하는 상황에 초점

finish, end: 끝내다

"남길이는 밥을 다 먹었어.", "남길이는 숙제를 다 마쳤어."

finish는 하던 동작을 완료하는 경우라서 사람이 주어가 되는 경우가 많음

"이 길은 저기에서 끝나.", "그 만화책은 어떻게 끝나?"

end는 어떤 일의 상태가 끝나는 경우라서 사물이 주어가 되는 경우가 많음

trip, tour, travel: 여행/여행하다

trip은 주로 목적을 가지고 짧게 가는 여행 예) 출장, 수학 여행

tour는 한 군데가 아닌 여러 곳을 돌아다니며 하는 여행 예) 유럽 5개국 여행

travel은 '여행하다'로 주로 오래 하는 여행

see, look watch: 보다

"있잖아. 나 어제 문방구에서 지연이 봤다." **see**는 우연히 보게 된 경우

"우와, 저 강아지 좀 봐. 정말 귀엽다." **look**은 목적을 가지고 보는 경우

"내가 하는 거 잘 봐." **watch**는 목적을 가지고 오랫동안 보는 경우

Unit 6 Communication Words

의사소통에 대한 단어를 알아보아요.

그림을 찬찬히 본 후, 큰 소리로 단어를 따라 읽어보세요.

134

1 thank 감사하다	**2 advise** 충고하다

3 talk 말하다	

4 lie 거짓말하다	**5 ask** 물어보다

6 answer 대답하다	

7 believe 믿다	**8 call** 부르다, 전화하다

9 discuss 의논하다	

10 agree 동의하다	**11 aloud** 큰소리로

12 introduce 소개하다	

Step 1

그림을 보고 보기에서 알맞은 단어를 골라 쓰세요.

보기

| thank | lie | advise | answer | talk | ask |

t_____ _____ _____ _____ _____ _____

다음 단어를 읽고 빈칸에 알맞은 우리말 뜻을 쓰세요.

discuss

agree

introduce

believe

call

aloud

단어를 듣고 소리 내어 읽으며 세 번씩 따라 써보세요. 135

thank

_____ _____ _____

_____ _____ _____

_____ _____ _____

_____ _____ _____

_____ _____ _____

_____ _____ _____

퍼즐 조각을 맞추어 단어를 완성한 후, 단어 소리를 들으며 두 번씩 써보세요. 136

dis ·	· duce	소개하다	_____ _____
ag ·	· ll	부르다	_____ _____
intro ·	· ree	동의하다	a_____ _____
be ·	· cuss	의논하다	_____ _____
ca ·	· ud	큰소리로	_____ _____
alo ·	· lieve	믿다	_____ _____

Step 3

빈칸에 알맞은 단어를 써보세요.

가로	세로
1 – 물어보다	1 – 충고하다
3 – 대답하다	2 – 감사하다
4 – 말하다	5 – 거짓말하다

우리말에 맞는 영어 알맞은 낱말을 퍼즐에서 찾아 동그라미 한 후 단어를 써보세요.

믿다 _____

전화하다 _____

t	y	r	f	g	j	a	b	j	q	c	a	l	l
g	h	b	d	i	s	c	u	s	s	a	q	w	g
a	l	o	u	d	o	p	u	m	n	f	a	w	b
i	k	h	s	x	v	i	e	a	a	g	r	e	e
i	n	t	r	o	d	u	c	e	c	n	m	w	g
t	y	u	i	n	b	e	l	i	e	v	e	m	e

의논하다 _____

동의하다 _____

큰소리로 _____

소개하다 _____

연습문제

그림에 맞는 단어를 적어보세요.

_____ _____ _____ _____ _____ _____

b_____ c_____ d_____ a_____ a_____ i_____

단어 이야기

단어의 역할에 대해 무엇을 배웠나요? 사람, 사물, 장소를 말하는 명사, 그 명사를 꾸미는 말 형용사에 대해 배웠어요. 여기에서는 동작과 상태를 나타내는 말 '동사'에 대해 설명할게요. 모든 문장은 누가 어떤 일을 하는지 말해주는데, 그 문장 속의 '누구'가 하는 일을 표현하는 단어가 바로 '동사'예요. 이번 단원에서 **ask**와 **answer**를 배웠지요? '선생님이 질문하다'에서 '질문하다(**ask**)'가 동사예요. '학생이 대답하다'에서는 무엇이 동사일까요? 네, '대답하다(**answer**)'가 동사랍니다.

ask

answer

+Plus page 6

잘만 쓰면 영어로 하고 싶은 말을 다 할 수 있다는 영어단어 3대 천왕이 있답니다. 바로 **get**, **have**, **take**예요. 이 단어들은 쓰이는 곳이 한두 군데가 아니기 때문에 '무엇은 무엇'하는 식으로 외우는 것은 불가능해요. 앞으로 많은 영어책을 읽고, 표현을 듣고 하다 보면 차차 배우게 될 거예요. 여기에서는 얼마나 다양하게 쓰일 수 있는지 몇 가지씩만 알아볼까요?

get 1. 받다 "나 생일 선물을 받았어. **I got a birthday present.**" (**got**은 **get**의 과거형)

2. 얻다, 구하다 "너 그거 어디서 났어? **Where did you get it?**"

3. 가져오다 "가서 그거 가져와. **Go get it.**"

4. 걸리다 "나 감기 걸렸어. **I got a cold.**"

5. 도착하다 "우린 거기 도착할 수 없었어. **We couldn't get there.**"

6. 이해하다 "난 이해가 안 돼. **I don't get it.**"

have 1. 가지다 "난 새 장난감 자동차를 가지고 있어. **I have a new toy car.**"

2. 병이 있다 "난 두통이 있어. **I have a headache.**"

3. ~을 하다 "좀 쉬어. **Have some rest.**"

4. 먹다 / 마시다 "난 아침으로 계란을 먹어. **I have eggs for breakfast.**"

5. 도와주는 동사 1) "**Tom has gone.** 톰은 가버렸어."

6. 도와주는 동사 2) "**I have to go now.** 난 지금 가야만 해."

take 1. 가지고 가다 "그것 좀 방에 갖다줘. **Take it to the room, please.**"

2. 데려다주다 "내가 버스로 데려다줄게. **I'll take you by bus.**"

3. 잡다 / 집다 "하나씩 집어가세요. **Please, take one.**"

4. 빼앗다 "그 애가 빼앗아 갔어. **He took it.**" (**took**은 **take**의 과거형)

5. 먹다 "약 좀 드세요. **Take some medicine.**"

6. 찍다 "난 사진 찍는 걸 좋아해. **I like to take pictures.**"

7. 걸리다 "거기까지 2시간 걸려. **It takes 2 hours to get there.**"

Action Words 1

동작을 나타내는 말을 알아보아요 1

그림을 찬찬히 본 후, 큰 소리로 단어를 따라 읽어보세요.

137

1 **meet** 만나다

2 **begin** 시작하다

3 **borrow** 빌리다

4 **bring** 가져오다

5 **build** 짓다

6 **carry** 나르다

7 **study** 공부하다

8 **change** 바뀌다

9 **hold** (손에) 쥐다, 잡다

10 **send** 보내다

11 **show** 보여주다

12 **return** 돌아가다

 **Step 1**

다음 그림에 맞는 단어를 골라 동그라미 하고, 우리말 뜻을 써보세요.

meet   return

build   begin

change   borrow

bring   begin

build   hold

study   carry

study   send

carry   change

meet   hold

send   begin

bring   show

return   carry

단어를 듣고 소리 내어 읽으며 세 번씩 따라 써보세요.

 138

meet

그림에 맞는 단어를 찾아 연결해보세요. 단어 소리를 들으며 두번씩 써보세요.

139

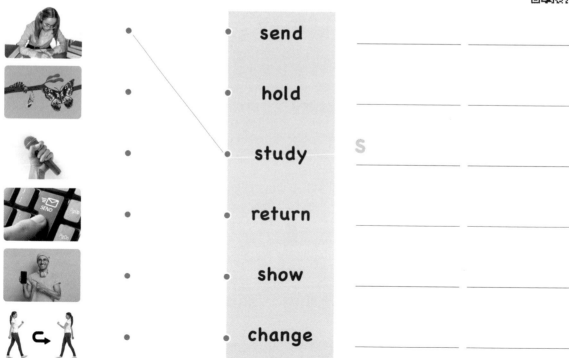

send

hold

study   s

return

show

change

Step 3

빈칸에 알맞은 알파벳을 써넣은 후, 해당 번호의 알파벳으로 아래 단어를 완성하세요.

만나다	____ ____ ____ ____
짓다	____ ____ ____ ____
나르다	____ __1__ ____ __5__ ____
가져오다	____ ____ __2__ ____
빌리다	____ ____ ____ ____ __3__
시작하다	__4__ ____

답 : ____ ____ s ____ ____ ____
　　　1　　2　　　　3　　4　　5

주어진 알파벳 철자의 순서를 바꿔서 단어를 완성하세요.

a n e c h g　　　c_____

e r u n t r　　　r_____

s o h w　　　s_____

t s u y d　　　s_____

h l d o　　　h_____

e s n d　　　s_____

연습문제

그림에 맞는 단어를 적어보세요.

_____ _____

s_____ c_____ h_____ s_____ s_____ r_____

단어 이야기

앞에서 '동사'가 무엇인지 알아봤어요. 동사는 문장마다 하나씩 다 가지고 있기 때문에 아주 중요해요. 이번에 배운 단어 12개는 모두 동사예요. 움직임을 표현한다고 해서 미국 초등학생들에게는 **'action word**(동작 단어)'라고도 가르쳐요. 그런데 이 동사들은 말썽을 부리는 장난꾸러기들이에요. 단어를 외우기도 힘든데, 문장 안에서 때때로 모습을 조금씩 바꾸거든요. 언제 어떤 규칙으로 변화하는지는 표현책에서 자세히 배우게 될 거예요.

1. 문장 속의 '누가'에 따라 끝에 **s**가 붙기도 해요.

I **talk** ~ .   You **talk**~ .   We **talk** ~ .   They **talk** ~ .

He **talks** ~ .   She **talks** ~ .   It **talks** ~ .

2. 예전에 일어났던 일을 말할 때는 끝에 **ed**가 붙어요.

I **talked** ~ .

+Plus page 7

140

비교할 때 쓰는 표현에 대해 알아보아요. Comparatives

사람이나 동물, 물건 등을 꾸며주는 말에 대해 배웠죠? 그 단어들을 이용하여 두 가지를 비교할 때 쓰는 말을 만들 수 있어요. 꾸며주는 말끝에 **er**을 붙여주면 "~보다 더"라는 뜻이 된답니다.

old / older
늙은　더 늙은

strong / stronger
강한　　더 강한

tall / taller
키가 큰 키가 더 큰

fast / faster
빠른　더 빠른

long / longer
긴　　더 긴

big / bigger
큰　　더 큰

heavy / heavier
무거운　더 무거운

Unit 8

Action Words 2

동작을 나타내는 말을 알아보아요 2

그림을 찬찬히 본 후, 큰 소리로 단어를 따라 읽어보세요.

141

| 1 | **add** 추가하다 |

| 2 | **help** 돕다 |

| 3 | **hunt** 사냥하다 |

| 4 | **visit** 방문하다 |

| 5 | **save** (위험에서) 구하다 |

| 6 | **cry** 울다 |

| 7 | **drop** 떨어뜨리다 |

| 8 | **fix** 고치다 |

| 9 | **walk** 걷다 |

| 10 | **give** 주다 |

| 11 | **wake** 잠이 깨다 |

| 12 | **clean** 청소하다 |

 **Step 1**

그림을 보고 보기에서 알맞은 단어를 골라 쓰세요.

보기

help	add	hunt	save	cry	visit

a _____ _____ _____ _____ _____ _____

그림에 맞는 단어에 동그라미 하세요.

drop
fix
add

walk
fix
wake

wake
visit
walk

give
help
save

walk
drop
wake

visit
clean
hunt

Step 2

단어를 듣고 소리 내어 읽으며 세 번씩 따라 써보세요.

142

add

_____ _____ _____

_____ _____ _____

_____ _____ _____

_____ _____ _____

_____ _____ _____

_____ _____ _____

그림에 맞는 단어를 찾아 연결해보세요. 단어 소리를 들으며 두 번씩 써보세요.

143

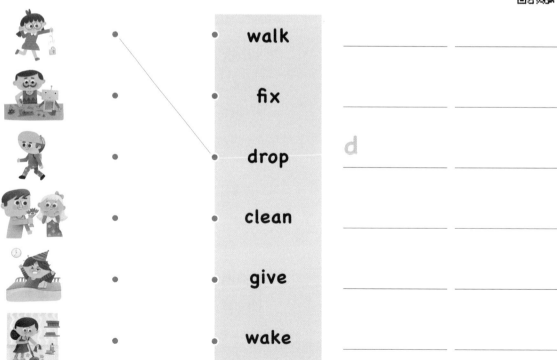

walk

fix

drop   d

clean

give

wake

Step 3

그림을 보고 보기에서 알맞은 단어를 골라 쓰세요.

보기

hunt   help   add   cry   visit   save

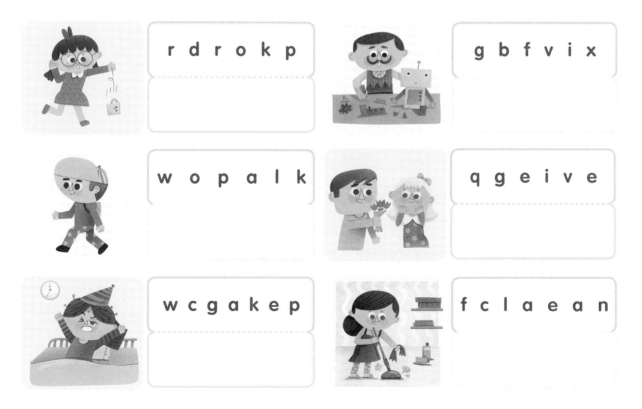

그림에 맞는 낱말이 되도록 필요 없는 글자들에 X표를 한 후, 낱말을 써보세요.

r d r o k p

g b f v i x

w o p a l k

q g e i v e

w c g a k e p

f c l a e a n

그림에 맞는 단어를 적어보세요.

1 _____ 2 _____ 3 _____ 4 _____ 5 _____ 6 _____

d_____ **f**_____ **w**_____ **g**_____ **w**_____ **c**_____

단어 이야기

이제 단어들에 대해 많이 알게 되었지요? 사람, 사물, 장소 이름은 명사, 명사를 꾸미는 말은 형용사, 그리고 문장에서 어떤 일이 일어나고 있는지 말해주는 동사에 대해 모두 알게 되었어요. 마지막으로 동사를 도와주는 동사, 즉 조동사에 대해 알아볼게요. 좀 어렵지만 나중에 문장을 배울 때 꼭 필요하기 때문에 4가지만 소개할게요. '가다' **go** 앞에서 도와주는 친구들을 잘 보세요.

would는 의지를 말해요.　　**I would go there.** 나 거기에 갈 거야.
could는 가능성을 말해요.　　**I could go there.** 나 거기에 갈 수도 있어.
should는 의무를 말해요.　　**I should go there.** 나 거기에 가야 해.
might는 불확실함을 말해요.　**I might go there.** 나 거기에 갈지도 몰라.

⁺Plus page 7

144

> **질문할 때 꼭 필요한 6가지 단어를 알아보아요. Question Words -The 5 Ws 1 H**

who	(누가)	**Who did it?** 누가 그랬어?
what	(무엇)	**What happened?** 무슨 일이야?
when	(언제)	**When did it happen?** 언제 일어난 일이니?
where	(어디서)	**Where did it happen?** 어디에서 일어난 일이니?
how	(어떻게)	**How did it happen?** 어떻게 일어난 일이니?
why	(왜)	**Why did it happen?** 왜 일어난 일이니?

큰일났어요. 준태가 경찰관에게 급하게 이야기를 하고 있어요. 잘 듣고 무슨 이야기인지 정리해 보세요.

제가요, 좀 전에 2시쯤에요, 강아지를 잃어버렸거든요. 집 앞에서 그만 줄이 풀려 버렸어요. 제가 핸드폰을 보느라 정신이 팔렸어요.

who	준태
what	
when	
where	집 앞에서
how	줄이 풀렸음
why	

초등 영단어 정답

영어를
결정
하는

Part 1
Unit 1 (본문 pp.17 ~ 20)

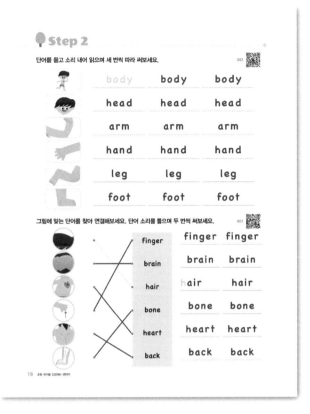

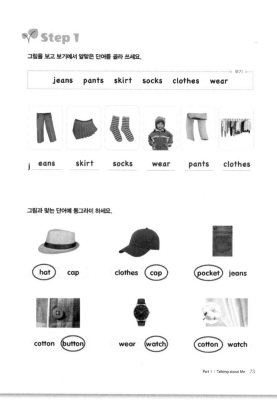

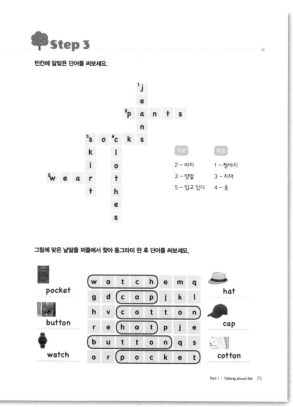

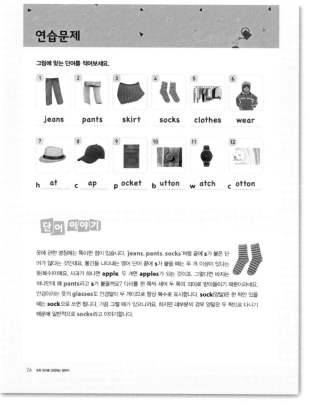

Part 1

Unit 3 (본문 pp.29 ~ 32)

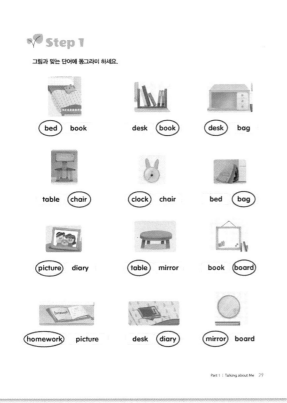

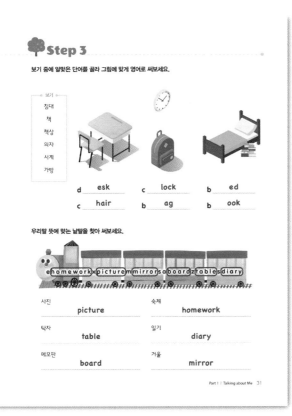

Part 1
Unit 4 (본문 pp..35 ~ 38)

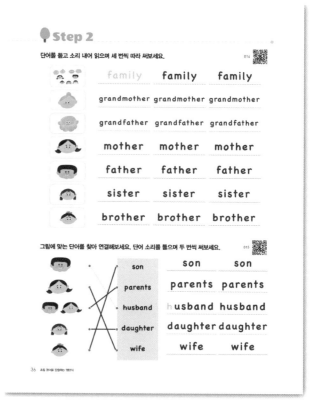

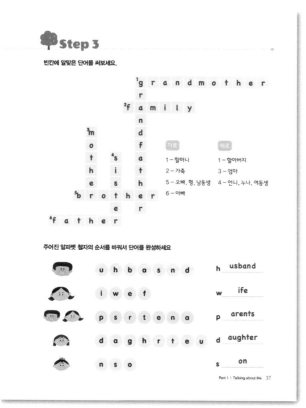

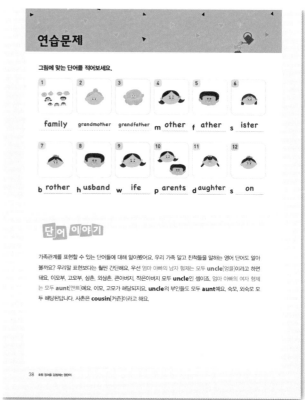

Part 1
Unit 5 (본문 pp.41 ~ 44)

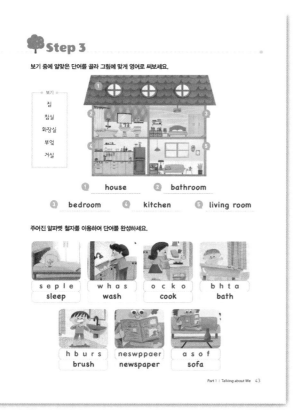

Part 1

Unit 6 (본문 pp..47 ~ 50)

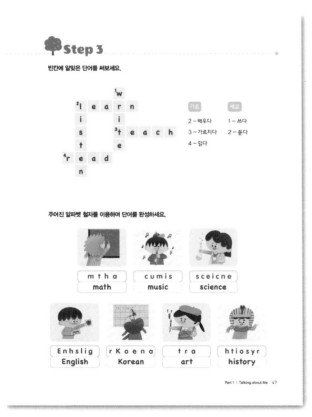

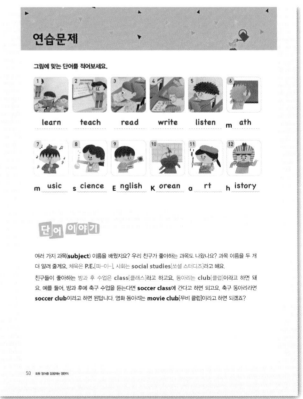

Part 1
Unit 7 (본문 pp.53 ~ 56)

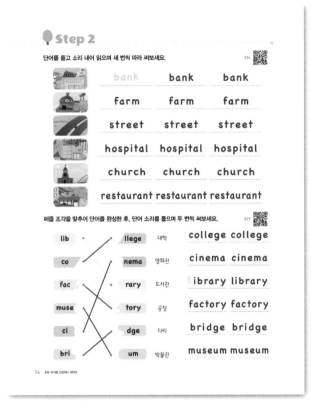

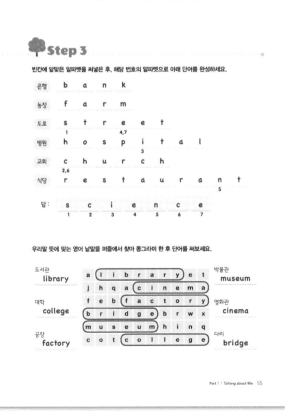

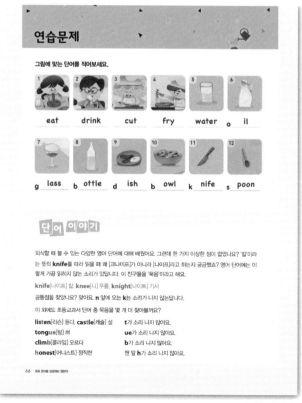

Part 2
Unit 2 (본문 pp.69 ~ 72)

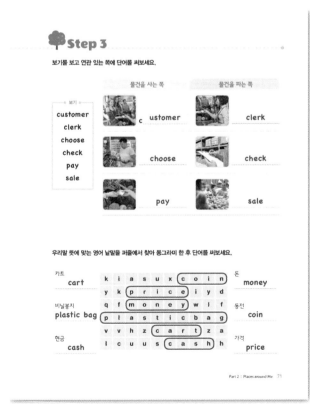

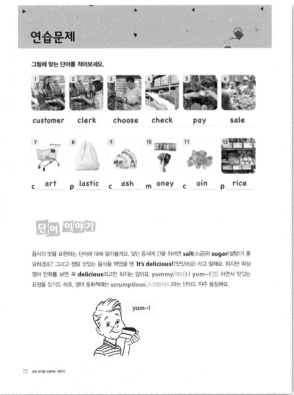

Part 2

Unit 3 (본문 pp..75 ~ 78)

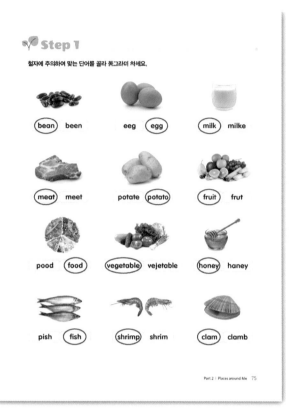

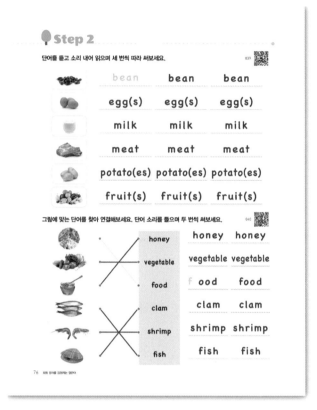

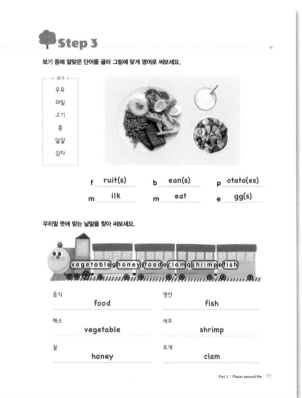

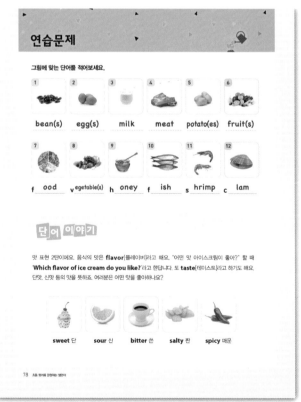

Part 2
Unit 4 (본문 pp.81 ~ 84)

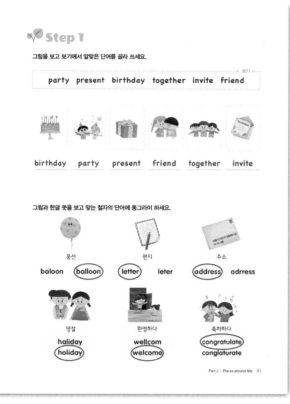

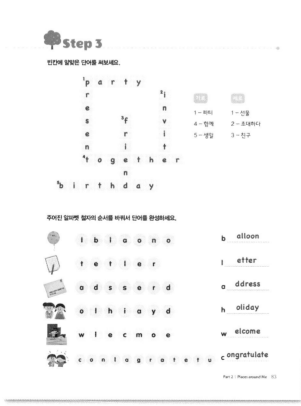

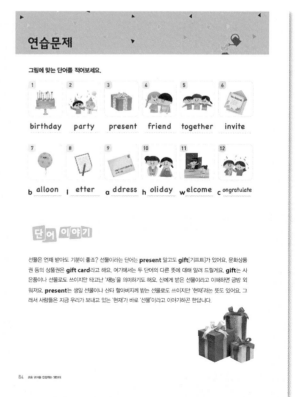

Unit 5 (본문 pp..87 ~ 90)

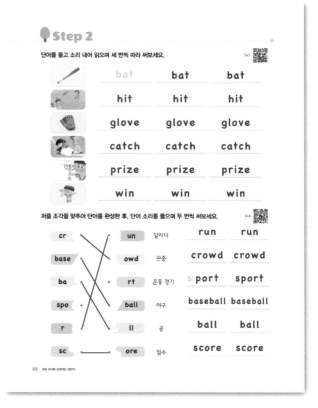

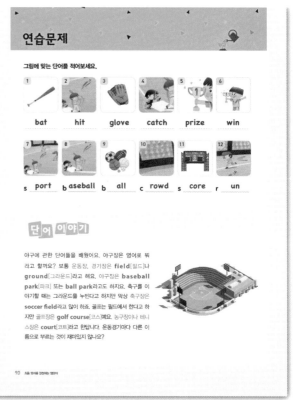

Part 2

Unit 6 (본문 pp.93 ~ 96)

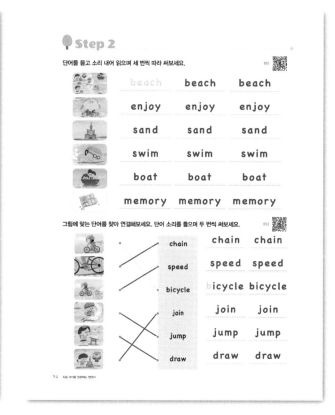

Part 2
Unit 7 (본문 pp..99 ~ 102)

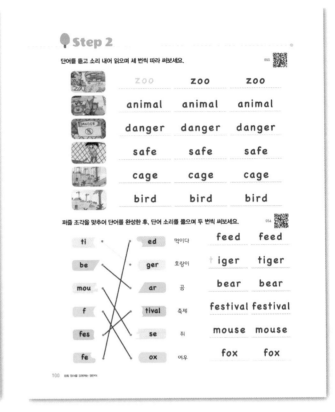

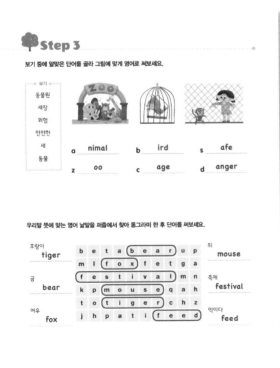

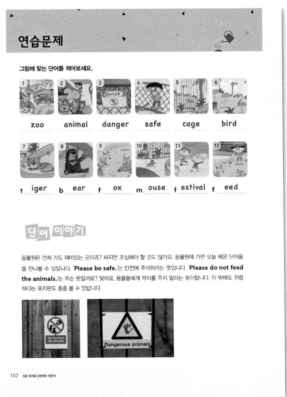

Part 3
Unit 1 (본문 pp.109 ~ 112)

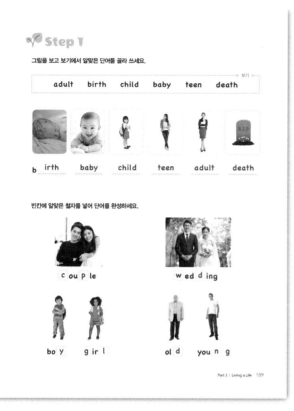

Part 3

Unit 2 (본문 pp..115 ~ 118)

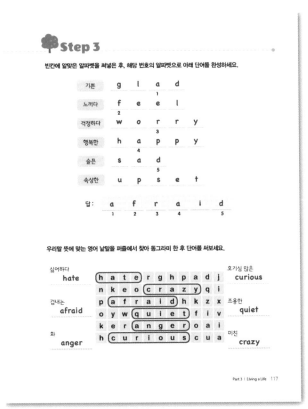

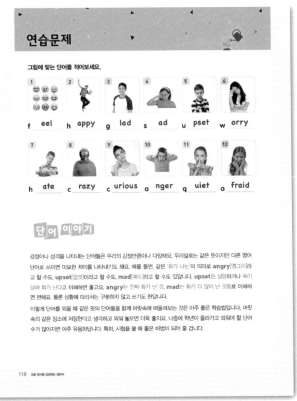

Part 3

Unit 3 (본문 pp.121 ~ 124)

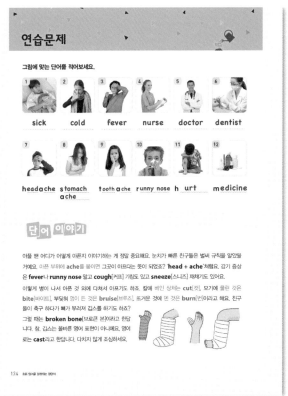

Part 3
Unit 4 (본문 pp..127 ~ 130)

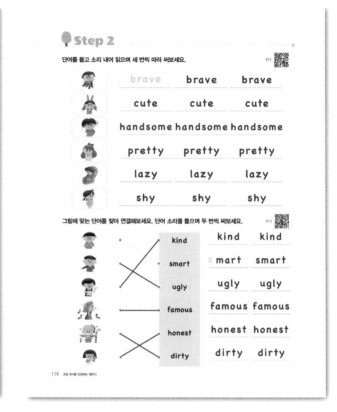

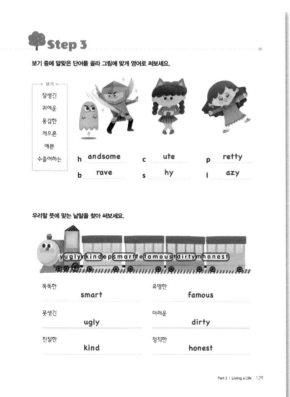

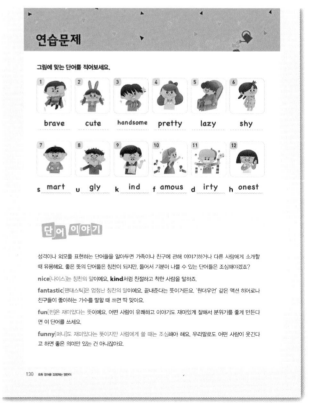

Part 3
Unit 5 (본문 pp.133 ~ 136)

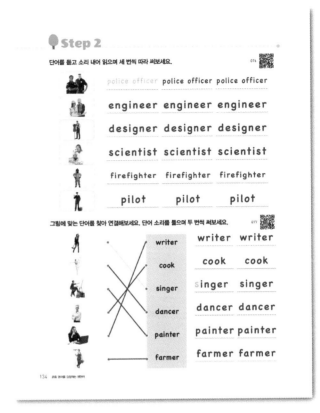

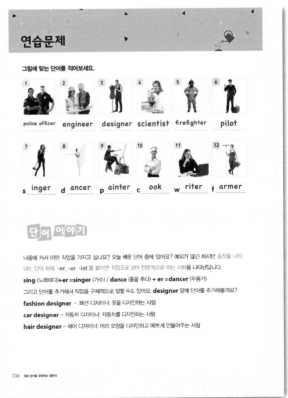

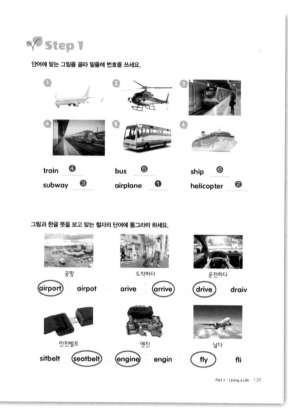

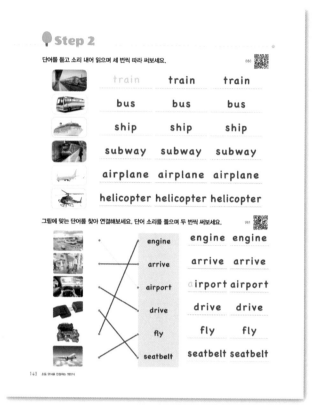

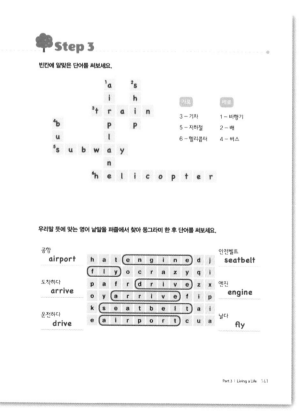

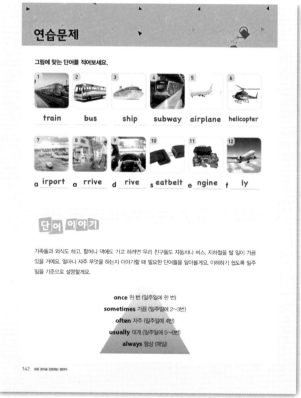

Part 3

Unit 7 (본문 pp.145 ~ 148)

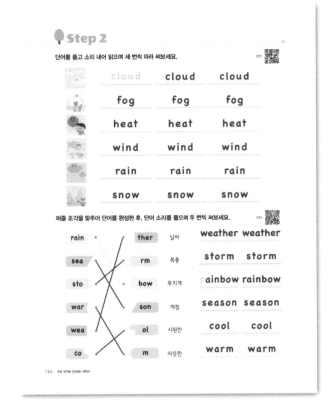

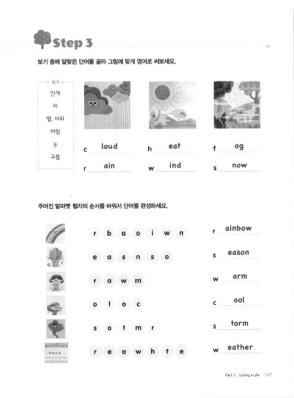

Part 4
Unit 1 (본문 pp..155 ~ 158)

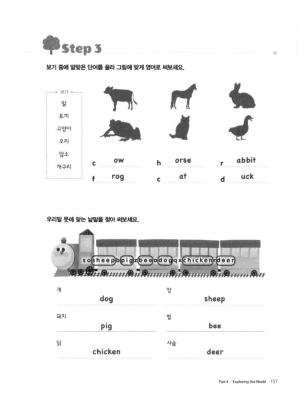

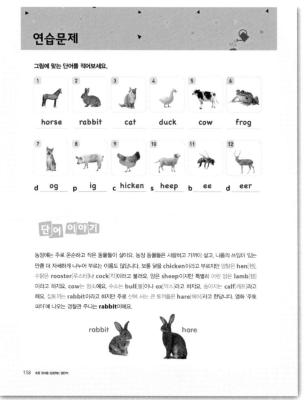

Part 4

Unit 2 (본문 pp.161 ~ 164)

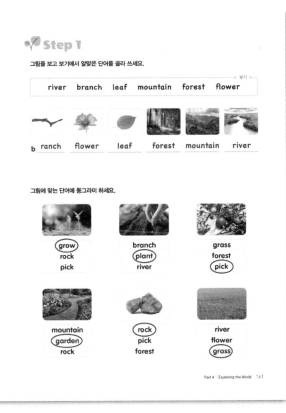

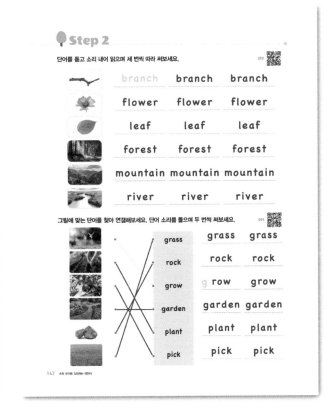

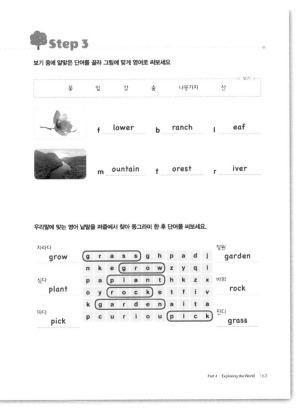

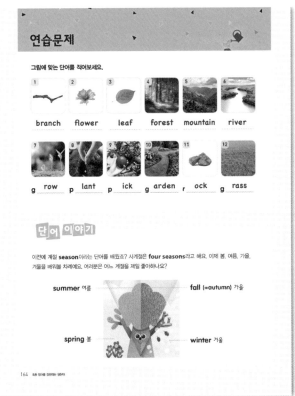

Part 4
Unit 3 (본문 pp..167 ~ 170)

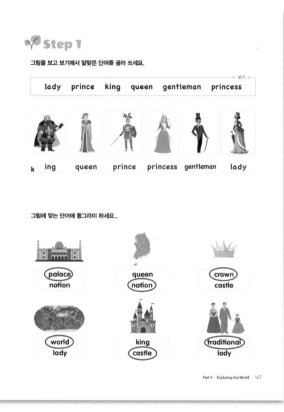

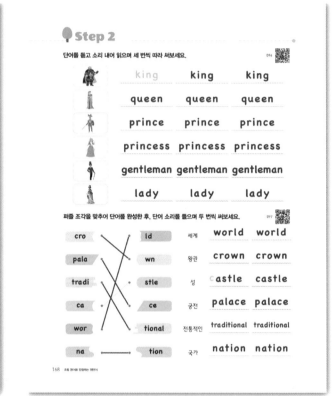

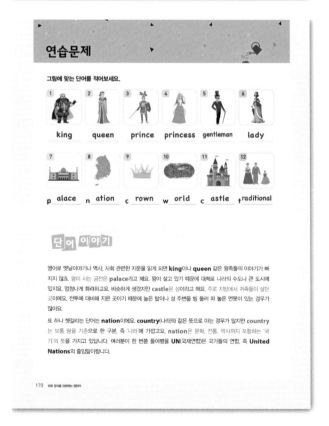

Part 4
Unit 4 (본문 pp.173 ~ 176)

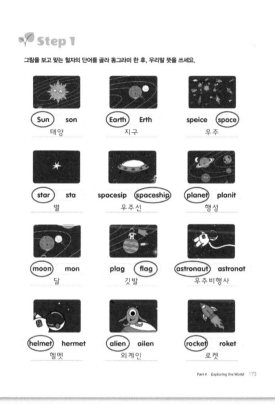

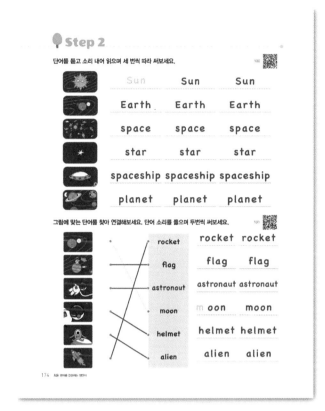

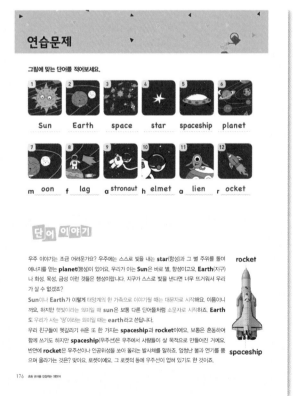

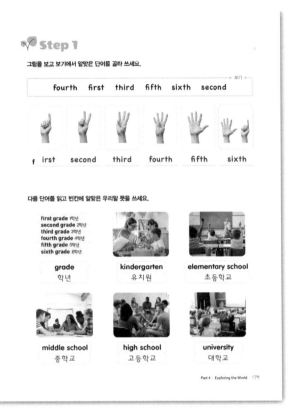

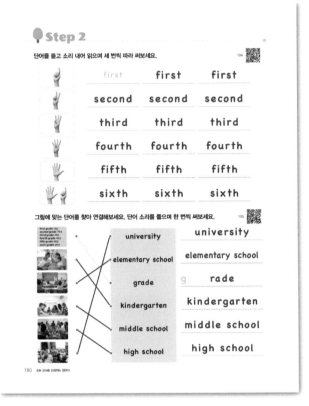

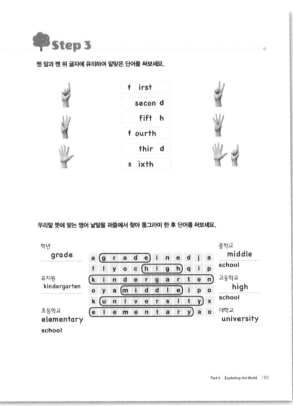

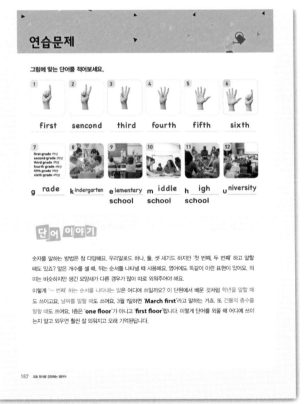

Part 4
Unit 6 (본문 pp.185 ~ 188)

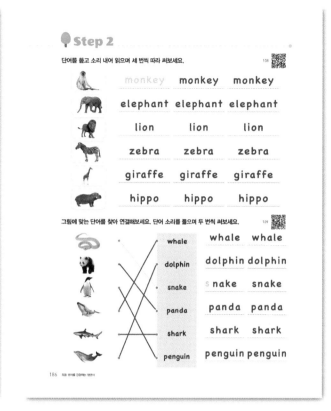

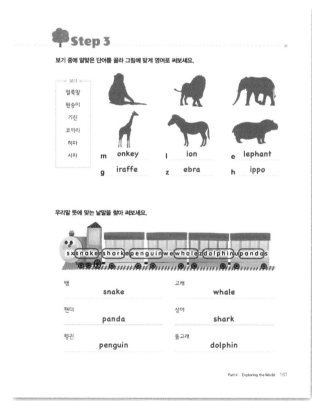

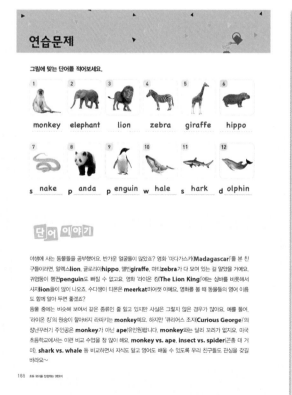

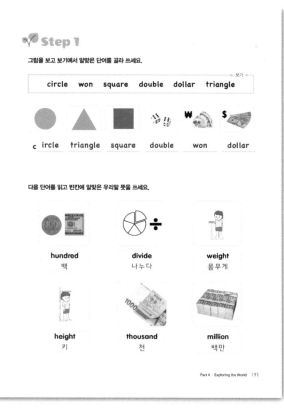

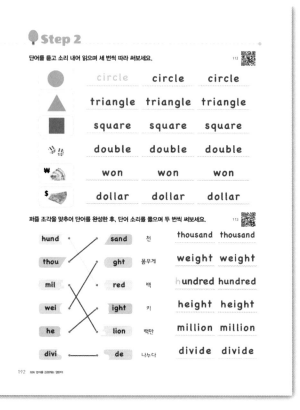

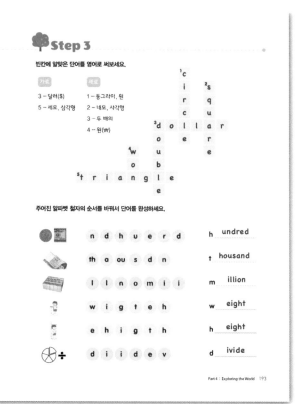

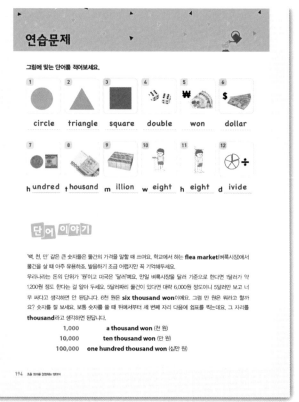

Part 5
Unit 1 (본문 pp.201 ~ 204)

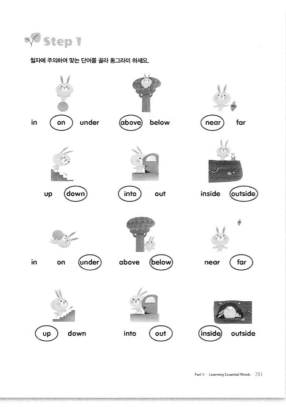

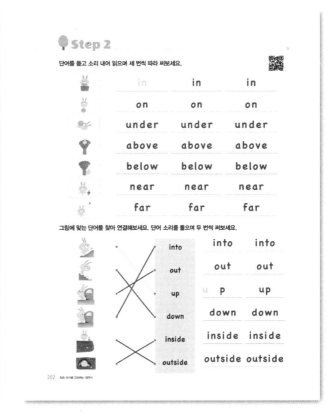

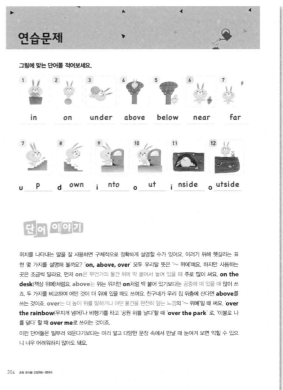

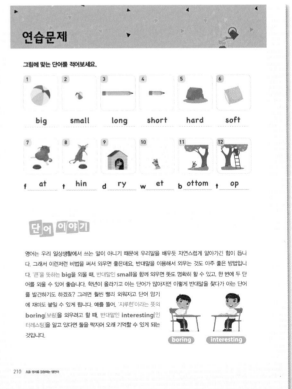

Part 5
Unit 3 (본문 pp.213 ~ 216)

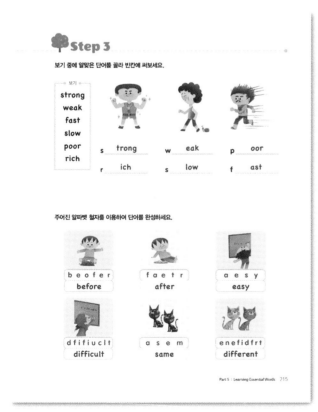

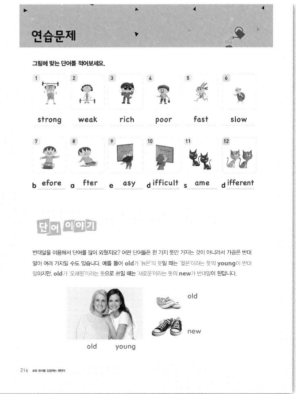

Part 5
Unit 4 (본문 pp..219 ~ 222)

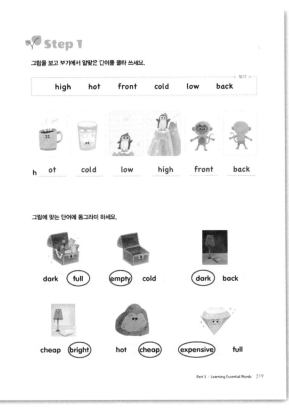

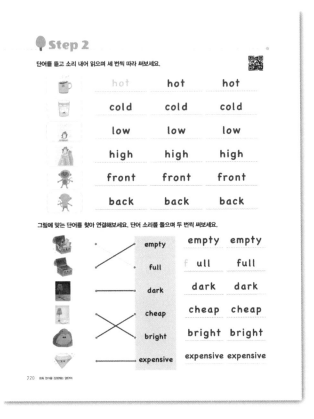

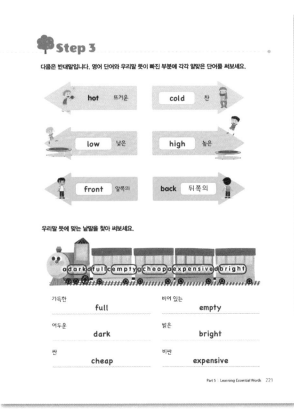

Part 5
Unit 5 (본문 pp.225 ~ 228)

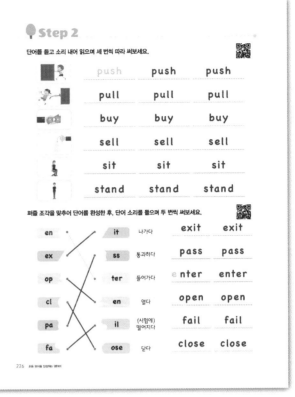

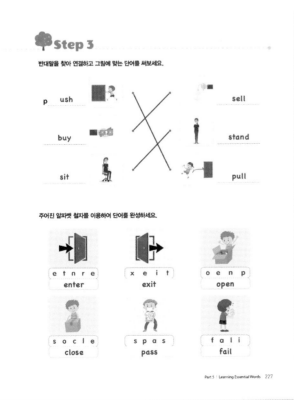

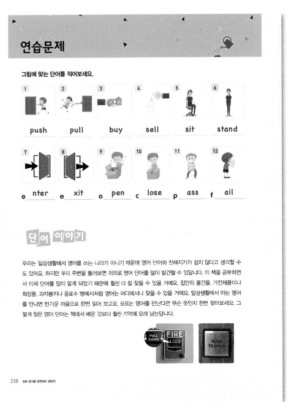

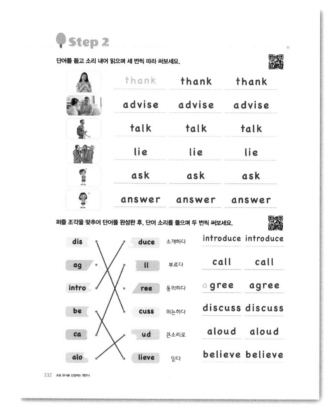

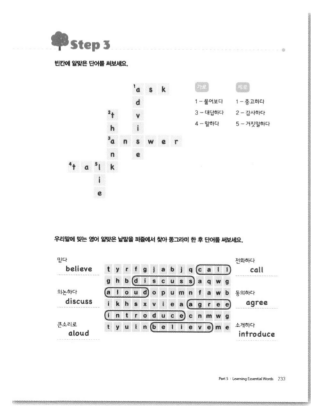

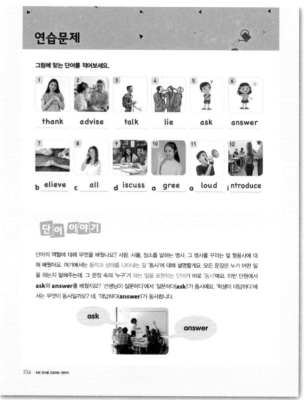

Part 5
Unit 7 (본문 pp.237 ~ 240)

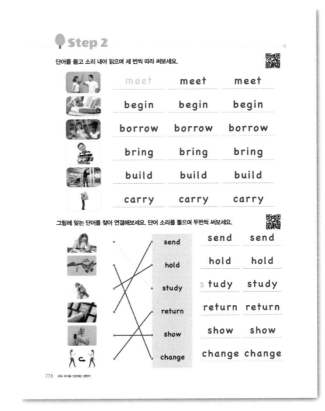

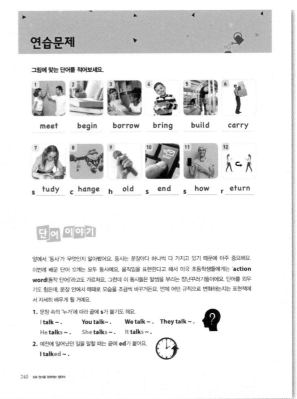

Part 5
Unit 8 (본문 pp..243 ~ 246)

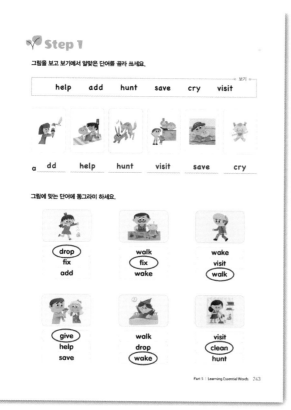

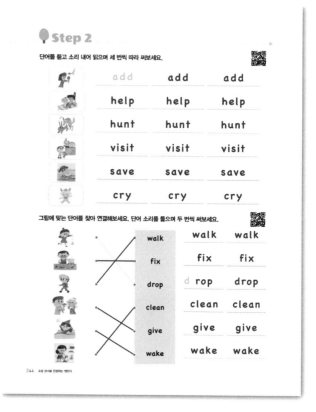

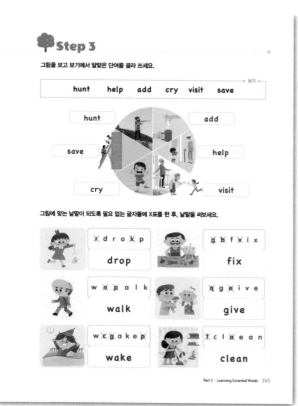

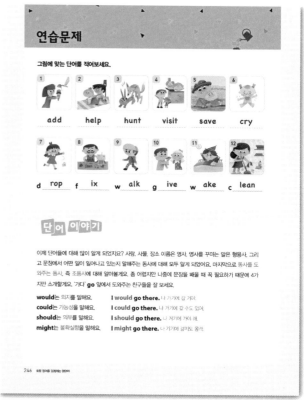